Steiner studieren.]

Christoph Hueck

Philosophie als Initiation - die sieben philosophischen
Schriften Rudolf Steiners als spiritueller Schulungsweg

Steiner studieren. Band I

Christoph Hueck

Philosophie als Initiation

Die sieben philosophischen Schriften
Rudolf Steiners als spiritueller
Schulungsweg

AKANTHOS AKADEMIE EDITION

AKANTHOS AKADEMIE FÜR ANTHROPOSOPHISCHE
FORSCHUNG UND ENTWICKLUNG · STUTTGART

Der zitierte Wortlaut Rudolf Steiners folgt der im Rudolf Steiner Verlag erschienenen Gesamtausgabe (GA) Der Abdruck erfolgt mit freundlicher Genehmigung der Rudolf Steiner Nachlassverwaltung, Dornach/Schweiz.

Die Deutsche Nationalbibliothek verzeichnet diese Publikation in der Deutschen Nationalbibliographie; detaillierte bibliographische Daten sind im Internet über dnb.dnb.de abrufbar.

1. Auflage 2017
Satz und Gestaltung: Akanthos Akademie e.V.
Zur Uhlandshöhe 10, D-70188 Stuttgart
www.akanthos-akademie.de
© 2017 Akanthos Akademie e.V., Stuttgart
Herstellung & Verlag: BoD - Books on Demand, Norderstedt
ISBN 9783746046785

INHALT

Die Anthroposophie ist ein Mensch,
der durch eine Freiheitstat geschaffen wird.

(Rudolf Steiner)

Die sieben »Planetensiegel« Rudolf Steiners zur Übung eines bildhaften und beweglichen Denkens. (Versuchen Sie, die Formen ineinander umzugestalten und dabei ihren jeweils unterschiedlichen Ausdruck zu erleben.)

ZU DIESER REIHE

Rudolf Steiner (1961-1925) schuf das bisher größte ge-
druckte Werk eines einzelnen Autors: 45 Bände mit
Schriften, Aufsätzen und Briefen sowie knapp 310 Bände
mit über 6.000 Vorträgen, die mitstenographiert oder aus
Hörernotizen zusammengestellt wurden. In schier un-
überschaubarer Fülle und Tiefe stellte Steiner Ergebnisse
und Methoden seiner spirituellen Forschungen dar, die
sich auf die tiefsten Fragen des Menschseins und des
Kosmos beziehen.

Die anthroposophische Geisteswissenschaft ist das groß
angelegte Projekt, neu über Mensch und Welt und das
Verhältnis zwischen beiden denken zu lernen - einerseits
durch eine an die Wurzeln des Erkennens heranreichende
Philosophie und eine aus diesen Wurzeln entspringende
geistige Schau, andererseits durch eine praktisch alle
Bereiche des menschlichen Lebens und Wissens umfas-
sende Empirie.

Allerdings machte es Steiner seinen Lesern nicht leicht.
Es ging ihm nicht in erster Linie um die Verbreitung
neuer Gedankeninhalte, sondern darum, ein *neues Denken*
zu inaugurieren, das so lebendig und reich an inneren
Erfahrungen ist, dass es *in sich selbst* das Geistige als Wirklichkeit erfassen kann und dann erkennend erlebt, dass
dieses Geistige im Menschen und in der Welt wirksam ist.
Steiner wollte, dass schon das Studium seiner Schriften
und Vorträge ein erster Schritt auf dem Weg der inneren
Erweckung zu einem neuen, spirituellen Leben sein sollte.

Heute ist die Anthroposophie in diversen Praxisfeldern

weltweit erfolgreich: Von der Waldorfpädagogik über die Demeter Landwirtschaft und die anthroposophische Medizin und Heilpädagogik bis hin zu anthroposophisch orientierten Hochschulen, Banken u.a.m. Das sind Früchte von Steiners Geisteswissenschaft, aber die Wurzeln und der Stamm, aus denen sie hervorgewachsen sind, sind vielen Zeitgenossen immer noch praktisch unbekannt oder mit großen Vorurteilen belegt. Das liegt auch daran, dass das Studium der Geisteswissenschaft keine einfache Angelegenheit ist.

Die Reihe *Steiner studieren*, herausgegeben von der Akanthos-Akademie für anthroposophische Forschung und Entwicklung e.V. in Stuttgart, möchte dieses Studium unterstützen. Sie möchte zeigen, wie mit Rudolf Steiners Werk gearbeitet werden kann und zu welchen Ergebnissen solche Studien gelangen. Der klare, gedankliche Zugang zu Steiners Ausführungen soll dabei das Ziel unserer Darstellungen sein, Gründlichkeit und Tiefe ihre Methode. Wir wollen sowohl für anthroposophisch vorgebildete Leser Anregungen geben als auch für nicht-Anthroposophen Einblicke in Steiners Werk ermöglichen. Wir hoffen, damit einen Beitrag zum Verständnis und zur Erforschung der Anthroposophie als einer modernen Wissenschaft des Geistes zu leisten.

Tübingen, im Dezember 2017
Christoph Hueck
Andreas Neider

DIE REIHENFOLGE DER PHILOSOPHISCHEN SCHRIFTEN RUDOLF STEINERS ALS SPIRITUELLER SCHULUNGSWEG[1]

---

[1] Überarbeitete und stark erweiterte Version eines Aufsatzes, der an Ostern 2015 in der Zeitschrift *Anthroposophie* erschien.

THEMA UND HINTERGRUND

Bevor Rudolf Steiner seine esoterisch-geisteswissenschaftliche Lehre, die Anthroposophie, entfaltete, schuf er eine solide, erkenntnistheoretische Grundlage in einer Reihe philosophischer Untersuchungen: *Einleitungen zu Goethes naturwissenschaftlichen Schriften* (1884-97), *Grundlinien einer Erkenntnistheorie der Goetheschen Weltanschauung* (1886), *Wahrheit und Wissenschaft* (1892), *Die Philosophie der Freiheit* (1894), *Friedrich Nietzsche, ein Kämpfer gegen seine Zeit* (1895)› *Goethes Weltanschauung* (1897), sowie *Welt- und Lebensanschauungen im 19. Jahrhundert* (1900-01[2]). Gemäß Steiners Bestimmung der Anthroposophie als eines Erkenntnisweges, »der das Geistige im Menschenwesen zum Geistigen im Weltenall führen möchte«[3], untersuchte er schon in seinen philosophischen Schriften die Verbindungen, die zwischen dem Menschen und der Welt im Erkennen und Handeln bestehen.

Steiner ging von Goethe aus, da er schon früh mit der Herausgabe von dessen naturwissenschaftlichem Werk betraut wurde. Dort fand er eine ganzheitliche Naturanschauung, die von der genauen Beobachtung der einzelnen, sinnlichen Erscheinungen zur Anschauung ihres gemeinsamen, geistigen Wesens strebt. Goethe hatte sich ausführlich mit dem Wesen des Lebendigen beschäftigt und durch vergleichende Betrachtung von Pflanzen das Prinzip der *Metamorphose* entdeckt. In unterschiedlichen pflanzlichen Organen, in Laub-, Kelch-, Blüten- und

---

[2] 1914 zu *Die Rätsel der Philosophie* (GA 18) erweitert.
[3] *Anthroposophische Leitsätze*. GA 026. Dornach 1989, S. 14.

12

Fruchtblättern hatte er ein gemeinsames Bildungsprinzip erkannt, von dem er sagte: »Alles ist Blatt«, und von dem er Friedrich Schiller gegenüber behauptete, dass er es »wie mit Augen sehen« könne.[4] Rudolf Steiner sah darin den Beginn einer exakt fundierten Forschungsmethode, die zur übersinnlichen Anschauung führt, denn das Gemeinsame der verschiedenen Organe lässt sich nicht mit sinnlichen, sondern nur mit den »Augen des Geistes« anschauen.

Allerdings reichte die Idee der geistigen Einheit in der natürlichen Mannigfaltigkeit nicht aus, um auch zu verstehen, nach welchen Gesetzen sich die verschiedenen Blattformen ineinander umbilden; dazu benötigte Goethe noch die weitere Idee der sukzessiven Ausdehnung und Zusammenziehung.

In ähnlicher Weise kann man von Rudolf Steiners philosophischen Schriften sagen: Alles ist Selbsterkenntnis des Menschen in seinem Verhältnis zur Welt. Aber gibt es auch ein *Verwandlungsprinzip* dieser Schriften? Gibt es einen Grund, warum es gerade sieben Werke sind? Warum verfasste Steiner drei Schriften (*Grundlinien*, *Wahrheit und Wissenschaft*, *Philosophie der Freiheit*) zur Bedeutung des Denkens im Erkenntnisprozess? Warum schrieb er nach 1897 noch einmal über *Goethes Weltanschauung*? Warum schließlich ein wie aus der Reihe fallendes, ausführliches Buch über Friedrich Nietzsche? War dieses lediglich Steiners Begegnung mit Nietzsche geschuldet oder gar, wie manche vermuten, einem opportunistischen Bemühen, sich als Nietzsche-Herausgeber zu empfehlen?

---

[4] Johann Wolfgang v. Goethe: *Naturwissenschaftliche Schriften*, herausgegeben und kommentiert von Rudolf Steiner (GA 1a) Dornach 1975, S. 111.

Reihen sich Steiners Schriften also mehr oder weniger zufällig aneinander, oder gibt es eine bestimmte Gedankenbewegung, gar einen inneren Entwicklungsweg, den der Autor in ihrer Abfolge vollzog und für den Leser nachvollziehbar machte?

Goethe fand das Gesetz der Pflanzenmetamorphose, indem er die Umbildungen der pflanzlichen Formen in »innerlicher Beweglichkeit der Gedankenkräfte«[5] nachgestaltete. Er hatte dazu langjährige Studien betrieben und sich mit immer neuem Interesse in die Betrachtung der verschiedensten Pflanzenarten vertieft, bis er schließlich ihr gemeinsames Bildungsprinzip entdeckte. Steiner machte darauf aufmerksam, dass eine solche Betrachtung nun nicht nur die Bildung und Umbildung der Pflanzen beschreibt, sondern darüber hinaus auch den erkennenden Menschen mit der erkannten Natur verbindet. Goethe habe nämlich

»der menschlichen Erkenntnis etwas zugeschrieben, wodurch diese nicht bloß eine äußere Betrachtung der Weltwesen und Weltvorgänge ist, sondern mit diesen zu einer Einheit zusammenwächst.« (036\334)[6]

Wer in goethescher Weise die Natur betrachtet, der lernt sich dadurch zugleich selbst kennen und erkennen.

---

[5] *Der Goetheanumgedanke inmitten der Kulturkrisis der Gegenwart.* GA 036. Dornach 1961, S. 334.

[6] Zitierweise: Bei der ersten Erwähnung wird der Band der Gesamtausgabe (GA) vollständig mit Titel, Nummer in der GA, Ort und Erscheinungsjahr zitiert. Für alle weiteren Zitate desselben Bandes im Text wird nur die Nummer der GA angegeben und nach einem \ die Seitenzahl in der schon erwähnten Ausgabe. Bei Zitaten, die mehrere Seiten überspannen, wird nur die Seite angegeben, auf welcher das Zitat beginnt. Im Anhang ist alle verwendete Literatur aufgelistet.

✳

Zur Rechtfertigung der vorliegenden Darstellung seien
einige persönliche Bemerkungen erlaubt. Durch meine
nun bereits 35 Jahre während Beschäftigung mit der
Anthroposophie sowie mit Goethes Naturwissenschaft
durfte ich erleben, wie man ein organisch-bewegliches
und doch in folgerichtigen Entwicklungsschritten verlau-
fendes Denken ausbilden kann. Das ging einher mit einer
zunehmenden Sensitivität für eine Entwicklungslogik, die
sich an dem siebengliedrigen Wesensbild des Menschen
orientiert, wie es von Rudolf Steiner dargestellt wurde
(siehe unten).

Da ich die Anthroposophie von ihren Grundlagen her
nachvollziehen wollte, habe ich Steiners philosophische
Schriften intensiv studiert. Ihr ganz unterschiedlicher
Duktus wurde mir dabei immer deutlicher.

Außerdem hatte ich das Glück, mich aus beruflichen
Gründen über viele Jahre ausführlich mit der Menschenkunde der Waldorfpädagogik beschäftigen zu dürfen.
Anhand der Idee der Dreigliederung des Menschen lernte
ich die *imaginative Betrachtungsweise* kennen und - zumindest
in ersten Anfängen - auch anzuwenden. In der Imaginati-
on werden geistige Zusammenhänge in Bildern ausgedrückt, mit welchen die sinnliche Wahrnehmungswelt
›durchschaut‹ werden kann. Das Denken wird lebendiger
und fließender und die Wahrnehmung durchsichtiger als
in der abstrakten Verstandeserkenntnis, ohne dabei jedoch an Klarheit und Stimmigkeit zu verlieren. Steiners
Ausführungen zur Waldorfpädagogik sind durchweg
imaginativ. Da sie sich auf den wahrnehmbaren Menschen beziehen, kann man an ihnen lernen, sinnlich

Wahrnehmbares mit geistig Erkanntem imaginativ zusammenzuschauen.

Langjährige meditative Praxis ermöglichte mir schließlich, zu intuitiven Erfahrungen bestimmter anthroposophischer Inhalte zu kommen und dabei zumindest für gewisse Fragestellungen eine in sich selbst gegründete Erkenntnissicherheit zu gewinnen. Ich darf daher sagen, dass ich durch den systematischen und geduldigen Umgang mit Rudolf Steiners Darstellungen lernen durfte, zumindest manche seiner Ideen »wie mit Augen« sehen zu können.

Auf dieser Grundlage fiel mir auf, dass sich in der Reihenfolge der philosophischen Schriften Rudolf Steiners eine *siebengliedrige Entwicklungslogik* verfolgen lässt, die ich im Folgenden darstellen möchte.

Es geht darum, zu bemerken, was man am Umgang mit diesen Schriften erlebt, in welche Stimmung man sich sozusagen jeweils versetzt fühlt, zu welchen Anschauungen und Einsichten man beim Studium des einen oder anderen Werkes gelangt. Die angewendete Methode besteht aus vier Schritten. Zunächst das genaue Bekanntwerden mit den einzelnen Werken. Man studiert die Schriften und lebt sich nicht nur in ihre Inhalte, sondern insbesondere auch in die Art ihrer Darstellungen ein. Der zweite Schritt ist ein Vergleichen der verschiedenen Werke nach Inhalt, Methode, Duktus und Form. Daraus kann sich, drittens, ein Verstehen ergeben: Plötzlich, wie durch einen Lichtstrahl, wird der ganze Zusammenhang von einer alles durchdringenden Idee erhellt, überschaubar und sinnvoll. Als vierte Stufe schließlich ergibt sich der Bezug des erkannten Zusammenhangs zum Erkennenden selbst: Man sieht, dass die Reihenfolge der Schriften etwas mit einem zu tun hat und wird sich dadurch wiederum selbst auf eine klarere und tiefere Weise verständlich. Die Folge dieser Schriften kann daher als ein Entwicklungsweg des eigenen Selbst verstanden werden.

DIE WESENSGLIEDER DES MENSCHEN ALS VERSTÄNDNIS- UND ENTWICKLUNGSPRINZIP

In der folgenden Darstellung gehe ich den umgekehrten Weg meiner Erkenntnissuche. Dort leuchtete mir die Idee zuletzt auf, hier soll sie zuerst besprochen werden. Es könnte dadurch zwar so scheinen, als ob diese Idee den Tatsachen übergestülpt würde, doch ist es ja fraglich, ob das Erkennen immer in einer klaren zeitlichen Reihenfolge - von den Wahrnehmungen zum klärenden Begriff - verläuft. Man trägt eine lösende Idee oft schon jahrelang in sich, ohne ihren Zusammenhang mit den Fakten zu erkennen, und auch die Fakten treten einem nicht wirklich klar ins Bewusstsein, solange die Idee fehlt, die sie beleuchtet. Erst wenn Erfahrung und Idee zu einem durchsichtigen Ganzen verschmelzen, werden beide Aspekte in ihrer gegenseitigen Beleuchtung vollständig bewusst. Man sieht vielleicht nicht *nur*, was man weiß, aber auf jeden Fall besser, *wenn* man weiß.

In seinen Schriften *Theosophie*[7] und *Die Geheimwissenschaft im Umriss*[8] entwickelte Rudolf Steiner seine Lehre von den Wesensgliedern des Menschen. Sie ist der Ausgangspunkt der vorliegenden Betrachtung und soll daher kurz skizziert werden. Rudolf Steiner geht dabei streng phänomenologisch vor. Er nimmt alles, was beobachtet werden kann, ernst, trifft keine Vorentscheidung darüber, was er als wirklich gelten lässt und was nicht. Die Erscheinungen

---

[7] *Theosophie. Einführung in übersinnliche Welterkenntnis und Menschenbestimmung.* GA 9. Dornach 1978.
[8] *Die Geheimwissenschaft im Umriss.* GA 13. Dornach 1989.

des Lebendigen sind ihm genauso real wie die der Materie, und dasselbe gilt für das Bewusstsein und für die Welt der Gedanken. Die beobachteten Phänomene müssen sinnvoll in Zusammenhänge eingeordnet werden: »Stets bringen wir durch die Wissenschaft getrennte Tatsachen der Erfahrung in einen Zusammenhang.«[9]

So lange man den Menschen allein mit körperlichen Sinnen betrachtet, kann man nur seinen räumlich-materiellen Körper wahrnehmen, seinen *physischen Leib*. Er ist aus den Stoffen der materiellen Welt aufgebaut und unterliegt denselben Kräften und Gesetzen wie sie. Das Leben, das diesen Körper gestaltet und erhält, kann nicht mit physischen Sinnen wahrgenommen werden, es ist über-sinnlich. Es ist eine Summe von weisheitsvoll organisierenden, geistigen Kräften, die den physischen Leib bilden. Rudolf Steiner bezeichnet sie in ihrer Gesamtheit als den *Äther-* oder auch *Bildekräfteleib*. Wie der Mensch die Stoffe und Kräfte des physischen Leibes mit den Mineralien und der sonstigen physischen Welt teilt, so hat er das Lebensprinzip, seinen Ätherleib mit Pflanzen und Tieren gemeinsam. Leben ist aber nicht dasselbe wie Bewusstsein, und so kommt dem Menschen noch der so genannte *Astralleib* zu. Rudolf Steiner bezeichnete ihn als den Träger des bewussten Innenlebens. Der Mensch hat ihn mit den Tieren gemeinsam. Und schließlich zeichnet sich der Mensch gegenüber den Tieren noch durch eine geistig-autonome Quelle seiner Erkenntnis- und Moralfähigkeit aus, durch sein *Ich*.

Wer sich länger mit der Anthroposophie befasst, für den

---

[9] *Grundlinien einer Erkenntnistheorie der Goetheschen Weltanschauung.* GA 2. Dornach 1987, S. 25.

werden diese vier »Wesensglieder« zu immer beweglicheren Konzepten, zu Blickweisen, mit denen sich im Menschen und in der Welt lesen lässt.

Wie der physische Leib räumlich ist, so der Ätherleib zeitlich. Was im Raum ist, kann mit körperlichen Sinnen wahrgenommen werden. Was jedoch in der Zeit verläuft, kann nur durch einen inneren Vorgang erfasst werden, durch den man einen gegenwärtig präsenten Inhalt mit einem vergangenen in der Erinnerung verbindet. Daher bezeichnet Rudolf Steiner den Ätherleib des Menschen auch als den Träger von Gedächtnis und Erinnerung. Pflanzen haben natürlich keine bewussten Erinnerungen, obwohl sie einen Ätherleib haben. Doch tragen sie ihre Abstammung in sich, ›erinnern‹ also sozusagen ihre Vorfahren. Lebewesen können gleichsam als verkörperte Erinnerungen angesehen werden. Doch ist diese leibliche ›Erinnerung‹ eine *kraftvolle* Wesenheit, die den lebendigen Körper wirklich gestaltet und am Leben erhält.[10]

Eine weitere wichtige Charakteristik des Lebendigen ist, dass die Organe eines Lebewesens in einem weisheitsvollen Zusammenhang stehen. Der Ätherleib hat überhaupt die Eigenart, sinnvolle Zusammenhänge zu schaffen und zu erhalten, während die Stoffe des physischen Leibes eben nur Einzelheiten sind und zerfallen, wenn der Tod eintritt. Und schließlich ist dem Ätherischen Wiederholung und Entwicklung eigen, es trägt das schon Dagewesene weiter und verändert es in der Zeit entsprechend einer sinnvollen Ordnung.

---

[10] Es ist diese *kraftvolle, real wirkende Geistgestalt*, die Goethe als die ›Urpflanze‹ beschrieb (vgl. *Einleitungen zu Goethes naturwissenschaftlichen Schriften*. GA 1. Dornach 1987, S. 84).

Der Ätherleib trägt auch die Gewohnheiten des Menschen, seine bleibenden Neigungen, sein Temperament und seinen Charakter. Er trägt eben überall die Vergangenheit in die Gegenwart hinein. Damit wirkt er nicht nur als Lebenskraft, sondern auch als Untergrund des Bewusstseins. Doch ist der Ätherleib selbst unbewusst.

Der Astralleib dagegen bedeutet Bewusstsein, d.h. die Fähigkeit, auf äußere Eindrücke mit inneren Erlebnissen zu reagieren. Während die sinnlich wahrgenommenen Eindrücke des physischen Leibes immer nur gegenwärtig vorhanden sind und der Ätherleib die Erinnerung an vergangene Eindrücke ermöglicht, kommt im Astralleib eine Überschau über Vergangenes, Gegenwärtiges und Zukünftiges zustande, indem die Zusammenhänge nicht nur in der Erinnerung nachvollzogen, sondern auch verstanden werden. Daher ist es auch ein Aspekt des Astralleibes, etwas zu verstehen.

Das menschliche Ich ist das eigentlich erkennende und zusammenhangschaffende *Wesen*. Es ist die autonome innere Quelle des Erkennens und Tuns. Es verbindet die Elemente des Erkennens und verantwortet sein Handeln. Es ist das eigentlich freie Zentrum des Menschen, das seine Würde begründet. Das Ich bin *ich*.

In dem Buch *Die Stufen der höheren Erkenntnis*[11] gibt es eine wichtige Darstellung, in der Rudolf Steiner vier Aspekte des menschlichen Erkenntnisprozesses schildert, von denen man unschwer erkennt, dass sie mit den vier Wesensgliedern zusammenhängen:

»Beim gewöhnlichen ... Erkennen kommen vier Elemente in Betracht: 1. der *Gegenstand*, welcher auf die Sinne einen Ein-

---

[11] *Die Stufen der höheren Erkenntnis*. GA 12. Dornach 1979.

druck macht; 2. das *Bild*, das sich der Mensch von diesem Gegenstande macht; 3. der *Begriff*, durch den der Mensch zu einer geistigen Erfassung einer Sache oder eines Vorganges kommt; 4. das ›*Ich*‹, welches sich auf Grund des Eindruckes vom Gegenstande Bild und Begriff bildet. Bevor sich der Mensch ein Bild - eine ›Vorstellung‹ macht, ist ein Gegenstand da, welcher ihn dazu veranlasst. Diesen bildet er nicht selbst, er nimmt ihn wahr. Und auf Grund dieses Gegenstandes entsteht das *Bild.* Solange man ein Ding anblickt, hat man es mit diesem selbst zu tun. In dem Augenblicke, wo man von dem Dinge hinwegtritt, besitzt man nur noch das *Bild.* Den Gegenstand verlässt man, das Bild bleibt in der Erinnerung ›haften‹. Aber man kann nicht dabei stehenbleiben, sich bloß ›Bilder‹ zu machen. Man muss zu ›Begriffen‹ kommen. Die Unterscheidung von ›Bild‹ und ›Begriff‹ ist unbedingt notwendig, wenn man sich hier ganz klarwerden will. Man stelle sich einmal vor, man sehe einen Gegenstand, welcher kreisförmig ist. Dann drehe man sich um, und man behalte das *Bild* des Kreises im Gedächtnisse. Da hat man noch nicht den ›Begriff‹ des Kreises. Dieser ergibt sich erst, wenn man sich sagt: ›Ein Kreis ist eine Figur, bei der alle Punkte von einem Mittelpunkte gleich weit entfernt sind.‹ Erst wenn man sich von einer Sache einen ›Begriff‹ gemacht hat, ist man zum Verständnisse derselben gekommen. Es gibt viele Kreise: kleine, große, rote, blaue usw.; aber es gibt nur *einen* Begriff ›Kreis‹.« (12/16)

Es handelt sich hier um Aspekte der oben beschriebenen ›Leiber‹: Die Wahrnehmung äußerer Gegenstände (physischer Leib), die Erinnerung ihrer Bilder (ätherischer Leib) und das Verständnis ihrer Gesetzmäßigkeiten oder Begriffe (astralischer Leib). Für ein tieferes Verständnis der Anthroposophie ist es sehr wichtig, den astralischen Leib nicht *nur* als den Träger von Gefühlen, Begierden und Leidenschaften anzusehen (als den Rudolf Steiner ihn allerdings oftmals darstellte). In den Tieren wirken solche seelischen Kräfte ja durchaus nach einer weisheitsvollen

Ordnung. Auch das Wort ›Astralleib‹, das übersetzt *Sternenleib* bedeutet, weist auf den Zusammenhang dieses Wesensgliedes mit einer hohen, kosmischen Ordnung und Gesetzmäßigkeit hin. Wirkliches Verständnis eines Begriffes oder Gesetzes ist eben nicht nur abstrakt-gedanklich, sondern immer auch erlebt und gefühlt.

Schließlich schreibt Steiner vom Ich:

»Das vierte Element, das bei der materiellen Erkenntnis in Betracht kommt, ist das ›*Ich*‹. In demselben kommt eine Einheit der Bilder und Begriffe zustande.« (12\17)

Das Ich lebt in den drei anderen Leibern als in seinen ›Hüllen‹ und tritt durch sie mit der Welt in Verbindung. Im wirklichen Erkennen bleibt es aber nicht vor der Welt stehen, sondern verbindet sich mit ihr in innerer Hingabe und Empathie, die Rudolf Steiner *Liebe* nennt.

Zugleich arbeitet das Ich an den drei Leibern. Es erweitert sein Wissen und Begreifen, erarbeitet sich neue Gewohnheiten und verändert sogar seinen physischen Leib, z.B. durch das Erlernen neuer Fertigkeiten, usw. Dadurch entstehen nach und nach drei weitere Wesensglieder des Menschen. Indem das Ich seinen Astralleib mit Erkenntnis und Wahrheit durchdringt, wandelt es ihn allmählich zu einer individualisierten Geistwesenheit, dem *Geistselbst* um. Wirkt solcherart individualisierte Weisheit liebevoll und fruchtbar ins Leben hinein, so bildet der Mensch an dem, was Rudolf Steiner den *Lebensgeist* nennt. Und schließlich ist ein zukünftiger Wesenszustand zu erahnen, in dem auch die Erscheinungen des physischen Leibes und der physischen Welt ganz vom Geistwesen des Menschen durchdrungen sein werden und als Ausdruck seines höheren Selbst, als *Geistes-Mensch* erscheinen.

Bei den Wesensgliedern hat man es mit einer Reihe zu

tun. Sie beginnt ganz außen mit den Dingen der physischen, gegenständlichen Wahrnehmung (I). Die einzelnen Wahrnehmungen können in Bildern zu Zusammenhängen verwoben werden (II), die durch Gesetze begriffen, d.h. als sinnvoll erlebt werden können (III). Das innerste Zentrum dieses Geschehens ist das autonome Ich, das seine Begriffe und Handlungen aus sich selbst erzeugt (IV). Je mehr sich das Ich an dem Geistigen orientiert und sein Streben nach Wahrheit und Güte wirklich aus dem heraus gestaltet, was es in sich erlauscht (V), desto mehr durchdringt es sein Verstehen und zunehmend auch sein Leben mit eigener, geistiger Kraft (VI), bis schließlich auch seine äußere Gestaltung und die von ihm gestaltete Welt immer mehr zum Ausdruck des Geistigen werden (VII). - Zunächst steht der Mensch der Welt fremd gegenüber. Auf der Reise nach innen erfasst er sich immer mehr selbst. In seinem Innersten findet er aber nicht nur sein schöpferisches Ich, sondern auch die geistige Innenseite der Welt und die Kraft der Verwandlung, deren heilsame Prinzipien er dann dem Äußeren einzuverleiben sich bestrebt.

Natürlich sind die beschriebenen Glieder oder Prinzipien des Menschen nicht voneinander unabhängig, sondern Aspekte ein und derselben Wesenheit, die letztlich den Menschen und die Welt als ein zusammengehöriges Ganzes umfasst. Der Zusammenhang der drei ›niederen‹ (weil naturgegebenen) mit den drei ›höheren‹ (weil selbst zu entwickelnden) Gliedern kann im Bild der Menorah, des siebenarmigen Leuchters dargestellt werden, dessen mittlerer, tragender Arm für das verwandelnde Kraftzentrum des Ich steht (Abb. nächste Seite).

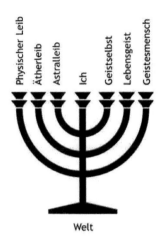

Nach meiner Auffassung ist es nun diese Siebengliedrigkeit des menschlichen Wesens, die die Anzahl, Reihenfolge und Art der philosophischen Schriften Rudolf Steiners
bestimmt und zu einem harmonischen Ganzen werden
lässt.

»In einer Harmonie hat man nicht bloß das Ganze aus seinen
Teilen mechanisch zusammenzufügen, sondern es werden
auch die Teile durch die Natur des Ganzen bestimmt.«[12]

---

[12] *Goethes Recht in der Naturwissenschaft.* In: *Methodische Grundlagen
der Anthroposophie 1884-1901.* GA 30. Dornach 1989.

DIE ANTHROPOSOPHIE ALS EIN LEBENDIGER ORGANISMUS - KOMPOSITION IM WERK RUDOLF STEINERS

Rudolf Steiners Schriften haben die bemerkenswerte Eigenschaft, dass sie nach inneren Prinzipien komponiert sind. Am besten ist das für die *Philosophie der Freiheit* untersucht worden. Sie besteht in ihren beiden Hauptteilen aus zwei mal sieben Kapiteln, von denen jedes wiederum in eine Folge von sieben Gedankenschritten gegliedert ist. Es handelt sich um eine sinnvolle, aufeinander aufbauende Ordnung, die ausführlich von Frank Teichmann beschrieben wurde.[13] Er beschrieb sieben Schritte einer inhaltlichen Darstellung, die in verallgemeinerter Form folgendermaßen zusammengefasst werden können:

1. Aufmerksamwerden auf ein noch unverstandenes Objekt
2. Beobachtung der Entstehung dieses Objektes und der Art und Weise, wie es im Bewusstsein des Betrachters lebt
3. Erarbeiten eines begrifflichen Verständnisses

---

[13] Frank Teichmann: *Auferstehung im Denken. Der Christusimpuls in der ›Philosophie der Freiheit‹ und in der Bewusstseinsgeschichte.* Stuttgart 1996, S. 94 ff. Andere Autoren, die sich ausführlich mit dem Aufbau von Rudolf Steiners Schriften beschäftigt haben, sind Herbert Witzenmann: *Die Philosophie der Freiheit als Grundlage künstlerischen Schaffens.* Dornach 1980; sowie Heinz-Herbert Schöffler: *Das Lesen der modernen Sternenschrift - zwölf Studien zu den Kompositionsgeheimnissen im Werk Rudolf Steiners.* Basel 1990.

4. Den erarbeiteten Begriff tätig hervorbringen und dieses Hervorbringen beobachten
5. Die Wahrheit des Begriffes überprüfen
6. Die Konsequenzen des Begriffs für das Leben untersuchen
7. Das Wesen des untersuchten Inhaltes in einem größeren Zusammenhang als Ganzes geistig erfassen

Man erkennt den Zusammenhang dieser Gliederung mit der Darstellung der sieben Wesensglieder des Menschen im vorangehenden Kapitel.

Ein Text, der in solcher oder ähnlicher Art gegliedert ist, kann als Ganzes erfasst werden; man erkennt eine geistige Gestalt und Gestaltung. Das ist der Beginn dessen, was Rudolf Steiner *geistiges Schauen* nannte: Man ›sieht‹ etwas, das offensichtlich nicht sinnlich wahrnehmbar, sondern nur ideell ist, aber man sieht es »wie mit Augen«. Frank Teichmann schrieb dazu:

»Im Zuge dieser Tätigkeit bildet sich ein neuer Sinn, ... der allmählich Zusammenhänge tableauartig zu überschauen vermag. Und die Werke, die mit diesem Sinn betrachtet werden, offenbaren einen Inhalt, der sich dem bloß äußeren Verstehen des Ausgesagten gar nicht erschließt. ... Wer Herr geworden ist über einen solchen Sinn und ihn sich eingebildet hat, dem geht, wie Fichte sagt, die wahre Welt auf. Er ist nicht mehr nur auf die Oberfläche der Welt angewiesen, er erkennt sie als Abglanz der wahren Welt, die hinter ihr wirkt.«[14]

Findet man, dass sowohl eine Folge von sieben Schriften, wie auch die Kapitel einer dieser Schriften, wie auch die Gedankenschritte innerhalb eines Kapitels nach denselben Prinzipien gegliedert sind, so kann man von einer

---

[14] a.a.O., S. 66.

organischen Gestaltung sprechen, bei der das Ganze in jedem seiner Teilen anwesend und wirksam ist. Das war von Steiner mit vollem Bewusstsein angestrebt worden:

»Diese ›Philosophie der Freiheit‹ ... muss so gelesen werden, dass man das Gefühl hat, sie ist ein Organismus: ein Glied entwickelt sich aus dem anderen und man gerät damit in etwas Lebendiges hinein.«[15]

So wird die Gestaltung von Rudolf Steiners Werken aus einem übergeordneten Ganzen ersichtlich. Dieses Ganze ist die lebendige Anthroposophie, die übersinnlich in den Schriften und Vorträgen Steiners anwesend war - und dort auch wieder gefunden werden kann. So wird auch verständlich, wenn er schreibt:

»Ein anthroposophisches Buch ist darauf berechnet, in innerem Erleben aufgenommen zu werden. Dann tritt schrittweise eine Art Verstehen auf. ... Ein richtig verfasstes anthroposophisches Buch soll ein *Aufwecker* des Geisteslebens im Leser sein, nicht eine Summe von Mitteilungen. Sein Lesen soll nicht bloß ein Lesen, es soll ein Erleben mit inneren Erschütterungen, Spannungen und Lösungen sein.«[16]

Neben der Siebengliedrigkeit können auch andere Strukturprinzipien in Steiners Werken gefunden werden, und wahrscheinlich wird die weitere Forschung hier immer mehr zutage fördern. So ist die *Theosophie* (Steiners *Einführung in übersinnliche Welterkenntnis* von 1904) in vier große Abschnitte gegliedert, die den vier Gliedern des menschlichen Wesens entsprechen. Der erste Abschnitt (*Das Wesen des Menschen*) beschreibt den Menschen wie in zeitloser Gestaltung nach Leib, Seele und Geist (phy-

---

[15] *Geistige Wirkenskräfte im Zusammenleben von alter und junger Generation*. GA 217. Dornach 1988.
[16] *Mein Lebensgang.* GA 28. Dornach 1982, S. 435

sischer Aspekt), der zweite (*Wiederverkörperung des Geistes und Schicksal*) untersucht die Entwicklung des menschlichen Wesens in der Zeit (ätherischer Aspekt), der dritte (*Die drei Welten*) führt in die seelische und geistige Innenwelt (astraler Aspekt) und der vierte (*Der Pfad der Erkenntnis*) schildert, wie sich der Mensch selbst entwickeln kann, um das Geistige wirklich wahrnehmen zu lernen (Ich-Aspekt).[17]

Ein Textstudium, das nicht nur auf die Inhalte, sondern auch auf die Komposition achtet, steht in der Tradition mittelalterlicher Bibelexegese, die sich einen *mehrfachen Schriftsinn* suchte.[18] Der wörtliche, historisch-literarische Sinn der Bibeltexte war nur, so war man überzeugt, die erste Stufe einer systematisch zu vertiefenden Auffassung.

---

[17] Schließlich gibt es erste Untersuchungen, die zeigen, dass auch in der Stellung mancher Schriften im Gesamtwerk Steiners eine sinnvolle Ordnung erkannt werden kann. So erschienen die *Theosophie* und die Aufsätze des Buches *Wie erlangt man Erkenntnisse der höheren Welten?* 1904/05, also in der Mitte von Steiners Werkbiographie (die 1894 mit der Veröffentlichung der *Einleitungen* begann und bis 1925, der Veröffentlichung von *Grundlegendes zu einer Erweiterung der Heilkunst* dauerte). Während die *Theosophie* ein uraltes, esoterisches Wissen darstellt, richtet sich *Wie erlangt man...* ganz auf das in die Zukunft weisende Tun. Für eine genauere Beschreibung siehe Christoph Hueck: *Aktivierung des Denkens und Umkehr der Willensrichtung - zur zentralen Stellung von Theosophie und Wie erlangt man Erkenntnisse...? im Werk Rudolf Steiners*. In: *Die Drei*, Heft 6/2016, S. 3 ff.
[18] Diese Lehre geht auf Origines zurück, der von einem dreifachen Schriftsinn sprach, während Johannes Cassianus sie im 5. Jahrhundert zu einem vierfachen Schriftsinn erweiterte. Vgl. Frank Teichmann: *Der dreifache Schriftsinn*. In: *Die Drei*, Heft 5/1984, S. 341 ff.

Man suchte als Weiteres eine theologische Bedeutung, die den Bibeltext als bildhaft-symbolischen Glaubensinhalt auffasste, dann eine moralische Bedeutung, die die gegenwärtige Wirklichkeit der Seele des Studierenden betraf, und schließlich die endzeitliche Bedeutung des Dargestellten.[19] Auch diese vier Stufen korrespondieren mit den vier Wesensebenen, der physischen, ätherisch-lebendigen, astral-seelischen und der ichhaft-geistigen.

In diesem Zusammenhang ist auch die so genannte *lectio divina*, die göttliche Lesung, zu nennen, eine vierstufige Methode der Meditation von Bibeltexten, die vor allem im Orden der Karthäuser gepflegt wurde.[20] Auch sie besteht in vier Stufen, die den vier Wesensschichten entsprechen: Der Lesung (*lectio*) folgte das meditative Wiederholen und Vertiefen (*meditatio*) des Gelesenen. Im anschließenden Gebet (*oratio*) erlebte die Seele eine Reinigung und gnadenvolle Antwort Gottes auf ihre Meditation, in der schließlichen Kontemplation (*contemplatio*) ihre Aufnahme in die Gemeinschaft mit Gott.

In ähnlicher Weise können diese vier Stufen auch auf das Studium der Texte Rudolf Steiners angewendet werden. Im ersten Schritt geht es darum, einen Text genau zu lesen und die Inhalte gründlich zu erarbeiten. Im zweiten Schritt kann man strukturelle Gestaltungen suchen (Gliederung, Wiederholungen, Steigerungen, Spiegelungen, etc.), wodurch man zu einer bildhaften Überschau gelangt. Zu dieser Stufe gehört es auch, Zusammenhänge

---

[19] Vgl. de.wikipedia.org/wiki/Vierfacher_Schriftsinn
[20] Vgl. Andreas Neider: *Die vier Stufen der christlich-mystischen Meditation Die ›Stufenleiter der Mönche‹ des Guigues II. als Muster eines westlichen Meditationsweges*. In: *Die Drei*, Heft 10/2016, S. 1 ff.

mit anderen Darstellungen Steiners herzustellen. Auf diesem Boden erwächst dann gleichsam von selbst ein tieferes Verständnis des Dargestellten, eine Einsicht in dessen übergeordnete Ideen. Und schließlich kann man das Gefundene in eigenen Worten selbst formulieren. So gewinnt man auch eine Einsicht in die Intentionen des Autors: zumindest ahnungsweise erfasst man, wie die dargestellten Erkenntnisse in Rudolf Steiner gelebt haben, bevor er sie als Text formulierte.

Sieht man das schriftliche Werk Rudolf Steiners als den physischen Leib der Anthroposophie an, dann kann man das Studium der strukturellen Gestaltungen und Zusammenhänge als eine *Erforschung des Ätherleibs der Anthroposophie* bezeichnen. Im gedruckten Werk hat man es nur mit einem Leichnam zu tun. Durch das Studium, das bis zum Erfassen der lebendig-organischen Gestaltungen dieser Werke gelangt, durchdringt man diesen abgestorbenen Corpus mit neuem, individualisierten Leben.[21]

---

[21] Frank Teichmann hat sich in seinem oben erwähnten Buch gegen den in diesem Zusammenhang oft erhobenen »Vorwurf des abstrakten Strukturalismus oder des Gliederungswahns« gewandt. »Der Übende braucht sich davon nicht abschrecken zu lassen. Der Glaube, es sei einfach, solche Gliederungen aufzustellen, stimmt ebensowenig wie die Meinung, dass diese doch zu nichts nütze seien; meistens ist es sogar recht mühsam, treffende Einteilungen zu finden. Ein gewisser Verstand ist dabei zwar hilfreich, aber niemals kann er das Denken ersetzen, das sich durch solches Üben bildet! Wer es nämlich wirklich versucht, der kann aus eigener Erfahrung wissen, dass eine solche Arbeit ganz intensiv mit der wachsenden Aneignung des Textinhaltes verwoben ist. Gerade das Umgekehrte ist richtig: Solange ein Text noch nicht in seiner Gliederung erfasst worden ist, solange hat man vom wirklichen Inhalt noch kaum etwas begriffen.« (a.a.O., S 65)

DIE SIEBEN PHILOSOPHISCHEN SCHRIFTEN

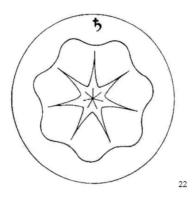

22

1. Einleitungen zu Goethes
Naturwissenschaftlichen Schriften (1884-97)

In den *Einleitungen*[23] beleuchtet Rudolf Steiner die Fülle des goetheschen Naturerkennens. Insbesondere Goethes biologische, aber auch seine physikalischen, geologischen und meteorologischen Studien sowie die Erkenntnisgrundlagen seiner Farbenlehre werden charakterisiert. Steiner vergleicht Goethes Organik mit den großen Erkenntnissen, die das physikalische Weltbild geformt haben und geht so weit, Goethe mit Kopernikus und Kepler auf eine Stufe zu stellen: »Goethe ist der Koperni-

---

[22] Vor jedem Kapitel ist eines von sieben von Rudolf Steiner entworfenen *Planetensiegeln* abgebildet. Sie stellen eine aufeinander aufbauende und in sich abgeschlossene Metamorphosereihe dar (vgl. auch oben, S. 7). Für ein künstlerisches Empfinden korrespondiert die Signatur dieser Formen durchaus mit derjenigen der einzelnen philosophischen Schriften Steiners.
[23] *Einleitungen zu Goethes naturwissenschaftlichen Schriften.* GA 1. Dornach 1987. Die *Einleitungen* bestehen aus vier Teilen, die 1884, 1887, 1890 und 1897 erschienen sind.

kus und Kepler der organischen Welt« (1\107).[24]

Steiner kommt es dabei vor allem auf die Darstellung der Lebendigkeit des goetheschen Denkens im Gegensatz zu dem toten Denken der Naturwissenschaft an.

»Die Denkungsart des Zeitalters, in das ich hineingewachsen war, schien mir nur geeignet, Ideen über die leblose Natur auszubilden. ... Ich sagte mir, um Ideen zu erlangen, welche die Erkenntnis des Organischen vermitteln können, ist es notwendig, die für die unorganische Natur tauglichen Verstandesbegriffe erst selbst zu beleben.« (1\8)

Diese Belebung erfordert innere Aktivität:

»Das Bedeutsame der [Idee der] Pflanzenmetamorphose liegt nicht in der Entdeckung der einzelnen Tatsache, dass Blatt, Kelch, Krone usw. identische Organe seien, sondern in dem großartigen gedanklichen Aufbau eines lebendigen Ganzen durcheinander wirkender Bildungsgesetze, welcher daraus hervorgeht und der die Einzelheiten, die einzelnen Stufen der Entwicklung, aus sich heraus bestimmt. Die Größe dieses Gedankens ... geht einem nur dann auf, wenn man versucht, sich denselben im Geiste lebendig zu machen, wenn man es unternimmt ihn nachzudenken. Man wird dann gewahr, dass er die in die *Idee* übersetzte Natur der Pflanze selbst ist, die in unserem Geiste ebenso lebt wie im Objekte.« (1\12)

Darüber hinaus kommen in den *Einleitungen* eine Reihe grundlegender Aspekte der Welterkenntnis und des Lebens zur Sprache. Das Verhältnis von Idee und Erfahrung wird ebenso behandelt wie die Mathematik, das Verhältnis von Kunst und Wissenschaft, sowie von Wissen und Handeln. Der Unterschied zwischen der anorga-

---

[24] In einem ebenfalls 1884 erschienenen Aufsatz wird auch noch Galilei mit eingereiht: »Wie Galilei die Mechanik durch seine Gesetze begründet hat, so Goethe die Wissenschaft des Organischen« (30\230).

nischen und organischen Welt wird besprochen und das System der Naturwissenschaft[25] als Ganzes dargestellt. Auch die Kategorien des Raumes[26], der Zeit und der Materie[27], sowie die Begriffe der Kraft[28] und des Lichtes[29] werden - grundlegend für Steiners gesamtes Werk - bestimmt. Darüber hinaus enthält die Schrift wichtige Darstellungen zur wissenschaftlichen Methodik.[30] Der durchgängige Gesichtspunkt der *Einleitungen* ist es, die vielfältigen Erscheinungen der Welt unter dem Blickwinkel ihres Wesens, ihrer einheitlichen *Idee*, die sich in der Vielfalt offenbart, anzuschauen.

»Was die Philosophen das Absolute, das ewige Sein, den Weltengrund, was die Religionen Gott nennen, das nennen wir, auf Grund unserer erkenntnistheoretischen Erörterungen: die *Idee*. Alles, was in der Welt nicht *unmittelbar* als Idee erscheint, wird zuletzt doch als aus ihr hervorgehend erkannt. … Sie aber fordert kein Hinausgehen über sich selbst. Sie ist die auf sich gebaute, in sich selbst festbegründete Wesenheit (1\162) … Wir gelangen, indem wir uns der Idee bemächtigen, in den Kern der Welt. Was wir hier erfassen, ist dasjenige, aus dem alles hervorgeht. Wir werden mit diesem Prinzipe eine Einheit; deshalb erscheint uns die Idee, die das Objektivste ist, zugleich als das Subjektivste.« (1\163)

Im menschlichen Bewusstsein kommt die Idee als das schöpferische Prinzip (»aus dem alles hervorgeht«) und als das erklärende Prinzip (aus dem »alles hergeleitet« werden kann) unmittelbar zum Ausdruck. Das liegt gera-

---

[25] Kap. XVI, 3
[26] Kap. XVI, 5
[27] Kap. XVI, 2
[28] Kap. X, 5
[29] Kap. XVI, 2
[30] Kap. X sowie Kap. XVI, 1

de an der aktiven Beteiligung des Menschen:

»Wenn wir unser Denken in Fluss bringen, dann gehen wir auf die uns zuerst verborgen gebliebenen Bedingungen des Gegebenen zurück; wir arbeiten uns vom Produkt zur Produktion empor, wir gelangen dazu, dass uns die Sinneswahrnehmung auf dieselbe Weise durchsichtig wird wie der Gedanke. ... Wir können also erst dann mit einem Dinge wissenschaftlich abschließen, wenn wir das unmittelbar Wahrgenommene mit dem Denken ganz (restlos) durchdrungen haben. Ein Prozess der Welt erscheint nur dann als von uns ganz durchdrungen, wenn er unsere eigene Tätigkeit ist. Ein Gedanke erscheint als der Abschluss eines Prozesses, innerhalb dessen wir stehen.« (1\162)

Die *Einleitungen* atmen gleichsam zwischen der Vielfalt der Welterscheinungen und -kategorien und dem schöpferischen, ideellen Zentrum derselben. Im Erkennen fällt dieses Zentrum mit dem innersten Zentrum des Menschen zusammen: »Die menschliche Innenwelt ist das Innere der Natur« (1\333).

»Der Mensch muss die Dinge aus seinem Geiste sprechen lassen, wenn er ihr Wesen erkennen will. Alles, was er über dieses Wesen zu sagen hat, ist den geistigen Erlebnissen seines Innern entlehnt. Nur von sich aus kann der Mensch die Welt beurteilen. Er muss anthropomorphisch denken. ... Man vermenschlicht die Natur, wenn man sie erklärt, man legt die inneren Erlebnisse des Menschen in sie hinein. Aber diese subjektiven Erlebnisse sind das innere Wesen der Dinge.« (1\335)

Imaginativ könnte man die Gedanken, die sich beim Studium der *Einleitungen* ergeben, im Bild eines Mittelpunktes und seines Umkreises fassen[31], von dem Rudolf Steiner in seinem *Heilpädagogischen Kurs* sagte: »Sie müssen

---

[31] Vgl. auch das Planetensiegel am Anfang dieses Abschnitts.

verstehen, dass ein Kreis ein Punkt, ein Punkt ein Kreis ist, und müssen das ganz innerlich verstehen.«[32]

Die *Einleitungen* haben damit, und das geht ja auch schon aus ihrem Titel hervor, einen besonderen Bezug zur Natur, im weiteren Sinne zur *physischen Welt*. Sie führen den Leser durch die Fülle der Welterscheinungen, und wie diese in ihrer Vielfalt von der einen Sonne beschienen werden, so weist Rudolf Steiner immer wieder auf das einheitliche Licht der Idee.

---

[32] Vortrag vom 5.7.1924. In: *Heilpädagogischer Kurs*. GA 317. Dornach 1985, S. 154.

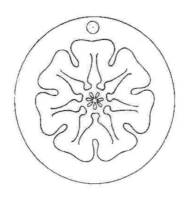

2. GRUNDLINIEN EINER ERKENNTNISTHEORIE DER GOETHESCHEN WELTANSCHAUUNG (1886)

Im Vergleich zu den *Einleitungen* sind die *Grundlinien*[33] von Anfang an deutlich auf die *Methodik* des Erkennens ausgerichtet. Steiner geht es hier nicht um Goethes einzelne Entdeckungen, sondern um die

»Art, wie Goethe eine solche Einzeltatsache dem Ganzen seiner Naturauffassung einfügte, wie er sie verwertete, um zu einer Einsicht in den Zusammenhang der Naturwesen zu gelangen oder wie er sich selbst (in dem Aufsatze ›Anschauende Urteilskraft‹) so treffend ausdrückt, um an den Produktionen der Natur geistig teilzunehmen.« (2\13)

Während in den *Einleitungen* die im Denken erfasste Idee als wahres Wesen der Welt charakterisiert wurde, beschreibt Steiner nun, wie diese Erkenntnis auf einem systematischen Weg erreicht werden kann. Die Auseinandersetzung schreitet in einer Dialektik von Polaritäten

---

[33] *Grundlinien einer Erkenntnistheorie der Goetheschen Weltanschauung.* GA 2. Dornach 1987.

(Goethe und Schiller, Erfahrung und Denken, Verstand und Vernunft, unorganische und organische Natur, Geist und Natur, etc.) voran, in der immer der eine Gedanke aus dem anderen wie hervorwächst, und die sich schließlich bis zur Darstellung des intuitiven (geistig anschauenden) Wissens als wissenschaftlich zu rechtfertigender Methode wie zu ihrer Blüte steigert.

Von Anfang an geht es Steiner darum, eine Weltansicht zu entwickeln, die organisch »aus der Goetheschen Weltanschauung herausgewachsen« (2\20) ist und von der er wie von einem lebendigen Wesen spricht. Goethes Anschauung sei immer »als Ganzes« wirksam, sie habe eine »innere Gediegenheit« (2\20), und sei doch »die denkbar vielseitigste« (2\21).

»Sie geht von einem Zentrum aus, das in der einheitlichen Natur des Dichters gelegen ist, und kehrt immer jene Seite hervor, die der Natur des betrachteten Gegenstandes entspricht. Die Einheitlichkeit der Betätigung der Geisteskräfte liegt in der Natur Goethes, die jeweilige *Art* dieser Betätigung wird durch das betreffende Objekt bestimmt.« (2\21)

Ganz analog hatte Steiner in den *Einleitungen* über Lebewesen geschrieben, dass sie zwei Seiten umfassen:

»1. Den Typus, d. i. die sich im Organismus offenbarende Gesetzlichkeit, ... das sich aus sich herausbildende Leben, das Kraft und Fähigkeit hat, sich durch die in ihm liegenden Möglichkeiten in mannigfaltigen, äußeren Gestalten ... zu entwickeln. 2. Die Wechselwirkung des Organismus und der unorganischen Natur und der Organismen untereinander.« (1\30)

Das Lebendige, Ätherische wirkt zwar weisheitsvoll, aber unbewusst (wie man am Leben der Pflanzen sieht; erst die Tiere haben Bewusstsein), und in ähnlichem Sinne schreibt Steiner über Goethe,

»dass seinen Ansichten über die Natur ein *tiefer philosophischer Sinn* zugrunde liegt, wenngleich dieser philosophische Sinn nicht in Form bestimmter wissenschaftlicher Sätze zu seinem Bewusstsein kommt.« (2\20)

In den *Grundlinien* geht es darum, diesen philosophischen Sinn der goetheschen Anschauung bewusst zu machen, um eine sich selbst organisch gestaltende *Anschauung* von Goethes Welt-Anschauung.

»Goethes Blick ist auf die Natur und das Leben gerichtet; und die Betrachtungsweise, die er dabei befolgt, soll der *Vorwurf* (der Inhalt) für unsere Abhandlung sein; Schillers Blick ist auf Goethes Geist gerichtet; und die Betrachtungsweise, die er dabei befolgt, soll das Ideal unserer *Methode* sein. In dieser Weise denken wir uns Goethes und Schillers wissenschaftliche Bestrebungen für die Gegenwart fruchtbar [!] gemacht.« (2\24)

Wie im lebendigen Organismus alle einzelnen Organe in einem gemeinsamen Zusammenhang stehen, so betonen die *Grundlinien* das *Erfahrungsprinzip* einerseits und das wissenschaftliche Aufsuchen von *Zusammenhängen* andererseits: »Stets bringen wir durch die Wissenschaft getrennte Tatsachen der Erfahrung in einen Zusammenhang« (2\25). Steiner sucht die Zusammenhänge innerhalb des Erkennens, sich dabei streng an das Erfahrbare haltend. Auch das Denken selbst wird als eine »höhere *Erfahrung* in der Erfahrung« aufgesucht:

»Sollen wir an dem Denken ein Mittel gewinnen, tiefer in die Welt einzudringen, dann muss es selbst zuerst Erfahrung werden. Wir müssen das Denken innerhalb der Erfahrungstatsachen selbst als eine solche aufsuchen. Nur so wird unsere Weltanschauung der inneren Einheitlichkeit nicht entbehren. … Wir treten der bloßen reinen Erfahrung gegenüber und suchen innerhalb ihrer selbst das Element, das über sich und über die übrige Wirklichkeit Licht verbreitet.« (2\29)

Steiner postuliert geradezu, dass über das Erfahrungsprinzip nicht hinausgeschritten werden kann.

»Unser Denken ist, besonders wenn man seine Form als individuelle Tätigkeit innerhalb unseres Bewusstseins ins Auge fasst, Betrachtung, das heißt es richtet den Blick nach außen, auf ein Gegenüberstehendes. Dabei bleibt es zunächst als Tätigkeit stehen. Es würde ins Leere, ins Nichts blicken, wenn sich ihm nicht etwas gegenüberstellte. Dieser Form des Gegenüberstellens muss sich alles fügen, was Gegenstand unseres Wissens werden soll.« (2\29)

Zwar handeln die *Grundlinien* bereits von der inneren Natur des Denkens und gipfeln schließlich in der Selbstbetrachtung des Geistes im Menschen. Dennoch bleibt die Art der Darstellung anschauend, wie aus der Perspektive eines Beobachters. Steiner spricht *über* die Dinge, auch dort, wo er innere Beobachtungen im Blick hat. So heißt es zum Beispiel vom Denken:

»Unser Geist vollzieht die Zusammensetzung der Gedankenmassen nur nach Maßgabe ihres Inhaltes. Wir erfüllen also im Denken das Erfahrungsprinzip in seiner schroffsten Form.« (2\49)

Oder, wiederum methodisch wie inhaltlich auf das Organische bezogen:

»Wie erscheint uns unser Denken *für sich* betrachtet? Es ist eine *Vielheit* von Gedanken, die in der mannigfachsten Weise miteinander verwoben und organisch verbunden sind. Diese Vielheit macht aber, wenn wir sie nach allen Seiten hinreichend durchdrungen haben, doch wieder nur eine Einheit, eine Harmonie aus. Alle Glieder haben Bezug aufeinander, sie sind füreinander da; das eine modifiziert das andere, schränkt es ein und so weiter. ... So zum Beispiel finden wir in unserm Bewusstsein den Gedankeninhalt ›Organismus‹ vor; durchmustern wir unsere Vorstellungswelt, so treffen wir auf einen zweiten: ›gesetzmäßige Entwicklung, Wachstum‹. Sogleich wird klar, dass diese beiden Gedankeninhalte zusammengehören, dass sie bloß zwei Seiten eines und desselben Dinges vorstellen. So aber ist es mit unserm ganzen Gedankensystem. Alle Einzelgedanken sind Teile eines großen Ganzen, das wir unsere Begriffswelt nennen.« (2\56)

Und gegen Ende der Schrift heißt es:

»Das, was der Geist aus den Erscheinungen herauslesen kann, ist die höchste Form des Inhaltes, den er überhaupt gewinnen kann. Reflektiert er dann auf sich selbst, so muss er sich als die unmittelbare Manifestation dieser höchsten Form, als den Träger derselben selbst erkennen.« (2\121)

Das anschauende Denken verhält sich in den *Grundlinien wie ein sich selbst anschauendes organisches Wesen.* Es wird systematisch produktiv und beobachtet, was es dabei erfährt. Das wird besonders deutlich, indem Steiner Goethes Anschauung des Organischen selbst bespricht.

»Unser Geist muss demnach in dem Erfassen des [organischen] Typus viel intensiver wirken als beim Erfassen des Naturgesetzes. Er muss mit der Form den Inhalt erzeugen. Er muss eine Tätigkeit auf sich nehmen, die in der unorganischen Naturwissenschaft die Sinne besorgen und die wir Anschauung nennen. Auf dieser höheren Stufe muss also der Geist selbst anschauend sein. Unsere Urteilskraft muss *denkend anschauen und anschauend denken.* Wir haben es hier, wie Goethe zum erstenmal auseinandergesetzt, mit einer anschauenden Urteilskraft zu tun.« (2\110)

Wir behaupten also, dass die *Einleitungen,* indem sie den Leser wie durch ein weit gespanntes Panorama führen, eine besondere Verwandtschaft zur physischen Welt zeigen, während die *Grundlinien* eine Verwandtschaft mit den weisheitsvollen Zusammenhängen des Ätherischen aufweisen. Sie mäandern wie das Lebendige um die Grenze zwischen äußerlich Anschaubarem (Erfahrung) und seinen inneren, produktiven Organisationsprinzipien (Zusammenhänge) hin und her. Während die *Einleitungen* das *Was* umreißen, taucht man durch die *Grundlinien* in das *Wie*; sie bilden eine Art Lebensstrom, der das in den *Einleitungen* Dargestellte wie belebend und organisierend durchzieht.

3. Wahrheit und Wissenschaft (1892)

In ganz anderem Duktus tritt *Wahrheit und Wissenschaft*[34] auf. Hier wird der Vorgang des Erkennens in knapper und kristallin-logischer Form bestimmt. Im Gegensatz zum organisch webenden, ruhig konzentrierten Fließen der *Grundlinien* sind die Formulierungen apodiktisch und bisweilen temperamentvoll-emotional.

»Unsere Schrift sucht den Beweis zu führen, dass für unser Denken alles erreichbar ist, was zur Erklärung und Ergründung der Welt herbeigezogen werden muss. Die Annahme von außerhalb unserer Welt liegenden Prinzipien derselben zeigt sich als das Vorurteil einer abgestorbenen, in eitlem Dogmenwahn lebenden Philosophie.« (3\10)

Dabei wird die »Natur des Erkennens selbst« (3\10) in den Blick genommen.[35] Das Erkennen macht sich sich selbst *bewusst*, das Bewusstsein wacht sozusagen in sich

---

[34] *Wahrheit und Wissenschaft*. GA 3. Dornach 1980.
[35] Als Dissertationsschrift trug *Wahrheit und Wissenschaft* den Untertitel *Prolegomena zu einer Verständigung des philosophierenden Bewusstseins mit sich selbst.*

selber auf. Wir betreten den Innenraum des Astralen. Das bedeutet in der Anthroposophie das innere Seelische, die eigentlichen *Inhalte* des Bewusstseins. Im Sinne von *Wahrheit und Wissenschaft* sind diese Inhalte die sich selbst bestimmenden *Begriffe*. Sie stellen zugleich die geistige Innenseite der Welt dar. Rudolf Steiner schrieb vom Denken, dass es geistige »Formen« oder »Kategorien« an die wahrgenommene Welt heranträgt, um die Gesetzmäßigkeit der Erscheinungen »zum Vorschein« (3\67) zu bringen. Dabei wird das Erkennen zwar durch die Tätigkeit des Ich, aber nicht inhaltlich von diesem bestimmt. Denn der Erkennende »wartet ja ab, was sich infolge der Herstellung des Bezugs [der begrifflich erfassten Tatsachen] von selbst ergibt« (3\64)

»Der eigentliche Inhalt eines Naturgesetzes resultiert also aus dem Gegebenen, und dem Denken kommt es bloß zu, die Gelegenheit herbeizuführen, durch die die Teile des Weltbildes in solche Verhältnisse gebracht werden, dass ihre Gesetzmäßigkeit ersichtlich wird.« (3\65)

Der Zugang zur inneren Bedeutungsseite des Denkens (und damit der Welterscheinungen) wird allerdings gerade dadurch ermöglicht, dass das Ich das Denken *aktiv* hervorbringt.

»Was ich hervorbringe, dem erteile ich seine Bestimmungen; ich brauche also nach ihrer Berechtigung nicht erst zu fragen. Dies ist der zweite Punkt unserer Erkenntnistheorie. Er besteht in dem Postulat: es muss im Gebiete des Gegebenen etwas liegen, wo unsere Tätigkeit nicht im Leeren schwebt, wo der Inhalt der Welt selbst in diese Tätigkeit eingeht.« (3\57)

»Alles andere in unserem Weltbilde trägt einen solchen Charakter, dass es gegeben werden muss, wenn wir es erleben wollen, nur bei Begriffen und Ideen tritt noch das Umgekehrte ein: *wir müssen sie hervorbringen, wenn wir sie erleben wollen.* Nur die

Begriffe und Ideen sind uns in der Form gegeben, die man die *intellektuelle Anschauung* genannt hat. … In der intellektuellen Anschauung muss mit der Denkform zugleich der Inhalt mitgegeben sein.« (3\59)

Das Denken wird hier vor allem unter dem Gesichtspunkt seiner gesetzlichen und objektiven Welt-Inhaltlichkeit betrachtet, die im Sinne der Anthroposophie eben als *astral* bezeichnet werden kann.[36] Durch das aktive Denken macht sich das Ich die sich selbst bestimmende Geist-Inhaltlichkeit des Denkens bewusst.

Wie eine idealistische Umschreibung des Astralen kann auch die Auseinandersetzung über Fichtes Wissenschaftslehre gelesen werden, in der Steiner über das Verhältnis zwischen Ich und Denken schreibt, dass

»das Ich ja zu gar keiner wirklichen, gegründeten … Bestimmung kommen kann, wenn es nicht etwas voraussetzt, welches ihm zu einer solchen verhilft. Alle Bestimmung vom Ich aus bliebe leer und inhaltlos, wenn das Ich nicht etwas *Inhaltsvolles, durch und durch Bestimmtes* [Hvhbg. CH] findet, was ihm die Bestimmung des Gegebenen möglich macht … Dieses durch und durch Inhaltsvolle ist aber die Welt des Denkens. Und das Gegebene durch das Denken bestimmen heißt Erkennen. Wir mögen Fichte anfassen, wo wir wollen: überall finden wir, dass sein Gedankengang sofort Hand und Fuß gewinnt, wenn wir die bei ihm ganz graue, leere Tätigkeit des Ich erfüllt und geregelt denken von dem, was wir Erkenntnisprozess genannt

---

[36] Es ist nicht ganz einfach, den Zusammenhang zwischen dem Astralleib und den Begriffen zu finden, wird das Astrale doch üblicherweise eher mit dem Fühlen als mit dem Denken in Verbindung gebracht. Allem denkenden Verstehen liegt aber ein, wenn auch meist unbewusstes, inspiriertes Fühlen zugrunde (vgl. C. Hueck: *„Natur, dein mütterliches Sein, ich trage es in meinem Willenswesen"* - ein Beitrag zur Überwindung der Subjekt-Objekt-Spaltung. In: *Anthroposophie* Johanni 2014, S. 105-119).

haben.« (3\83)

Wenn Rudolf Steiner dann am Ende des Buches schreibt:

»Wir haben gesehen, dass sich in unserem Wissen der innerste
Kern der Welt auslebt. Die gesetzmäßige Harmonie, von der
das Weltall beherrscht wird, kommt in der menschlichen
Erkenntnis zur Erscheinung. Es gehört somit zum Berufe des
Menschen, die Grundgesetze der Welt, die sonst zwar alles
Dasein beherrschen, aber nie selbst zum Dasein kommen
würden, in das Gebiet der *erscheinenden* Wirklichkeit zu verset-
zen« (3\90),

so ist das unserer Meinung nach ganz entsprechend zu
späteren Darstellungen des Astralleibes, z.B.:

»Man findet jetzt nicht das, was man früher durch den Leib
und seine Organe schauend in der Außenwelt gesehen hat,
sondern man findet sich erlebend in dem Inneren dieser
Außenwelt, in dem Geistigen, das diese Außenwelt durchwallt
und durchwogt. Es ist, wie wenn der Raum, in dem man sich
früher nur gefühlt hätte, nun von unzähligen Sternen angefüllt
würde, die sich alle bewegen und zu denen man selber gehört.
Und jetzt weiß man: Du erlebst dich in deinem astralischen
Leib.«[37]

Die bewusste, inhaltlich erfüllte Welt des Astralen bietet
allerdings die Grundlage für die freie Entfaltung des Ich,
und so versteht sich *Wahrheit und Wissenschaft* als *Vorspiel
einer Philosophie der Freiheit*, in der das Bewusstsein dann
nicht nur in sich selbst erwachen, sondern auch aus sich
heraus schöpferisch werden wird.

---

[37] Vortrag vom 9.4.1914. In: *Inneres Leben des Menschen und Leben
zwischen Tod und neuer Geburt.* GA 153. Dornach 1997, S. 84.

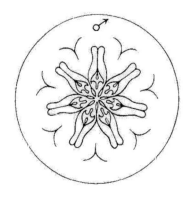

4. DIE PHILOSOPHIE DER FREIHEIT (1894)

Für die *Philosophie der Freiheit*[38] wirft die erste Vorrede ein Licht auf die Intentionen und den Duktus der Schrift. Sie gebe, so Steiner in der Neuauflage 1918, »die Gedankenstimmung, aus der ich vor fünfundzwanzig Jahren das Buch niederschrieb« (4\267):

»Eine Wahrheit, die uns von außen kommt, trägt immer den Stempel der Unsicherheit an sich. Nur was einem jeden von uns in seinem eigenen Innern als Wahrheit erscheint, daran mögen wir glauben. Nur die Wahrheit kann uns Sicherheit bringen im Entwickeln unserer individuellen Kräfte. Wer von Zweifeln gequält ist, dessen Kräfte sind gelähmt. In einer Welt, die ihm rätselhaft ist, kann er kein Ziel seines Schaffens finden. Wir wollen nicht mehr bloß *glauben*; wir wollen *wissen*. Der Glaube fordert Anerkennung von Wahrheiten, die wir nicht ganz durchschauen. Was wir aber nicht ganz durchschauen, widerstrebt dem Individuellen, das alles mit seinem tiefsten Innern durchleben will. Nur das *Wissen* befriedigt uns, das keiner äußeren Norm sich unterwirft, sondern aus dem Innen-

---

[38] *Die Philosophie der Freiheit.* GA 4. Dornach 1978.

leben der Persönlichkeit entspringt.« (4\267)

Man sieht sofort, dass hier gegenüber *Wahrheit und Wissenschaft* das Persönliche ganz ins Zentrum gestellt wird - die Wahrheit wird vollständig *individualisiert*.

»Wir erstreben ein sicheres Wissen, aber jeder auf seine eigene Art. ... Wen nicht ein besonderes, individuelles Bedürfnis zu einer Anschauung treibt, von dem fordern wir keine Anerkennung, noch Zustimmung.« (4\268)

Und so soll die *Philosophie der Freiheit*

»nicht ›den einzig möglichen‹ Weg zur Wahrheit führen, aber sie soll von demjenigen erzählen, den einer eingeschlagen hat, dem es um Wahrheit zu tun ist.« (4\269)

Dann folgen die berühmten Sätze, in denen sich der *freie Geist* ausspricht und die ihn, trotz der sich selbst bestimmenden (astralen, s.o.) Gesetzlichkeit der Ideenwelt, vor Dogmatismus und Intoleranz bewahren können:

»Diese Schrift fasst die Beziehung zwischen Wissenschaft und Leben nicht so auf, dass der Mensch sich der Idee zu beugen hat und seine Kräfte ihrem Dienst weihen soll, sondern in dem Sinne, dass er sich der Ideenwelt bemächtigt, um sie zu seinen *menschlichen* Zielen, die über die bloß wissenschaftlichen hinausgehen, zu gebrauchen. Man muss sich der Idee erlebend gegenüberstellen können; *sonst* gerät man unter ihre Knechtschaft.« (4\271)[39]

Während man am Duktus von *Wahrheit und Wissenschaft* die geradezu zwingende Logik der sich selbst bestimmenden Ideenwelt erleben kann, geht es nun darum, sich - auf der Basis der Anerkennung des Ideengehaltes der Welt -

---

[39] Das ist der Unterschied zwischen Astralleib und Ich, zwischen Tier und Mensch. Das Tier lebt durch seinen Astralleib instinktiv eingebunden in die Weltgesetzlichkeit, der Mensch kann sich ihr als Ich-Wesen erlebend gegenüberstellen.

diesem dennoch frei gegenüberzustellen: die Urgeste des Ich. Die *Philosophie der Freiheit* ist von Anfang an auf den Ich-Aspekt gestellt. Steiner schreibt in einem neuen, dynamischen Stil und spricht auch oft in der Ich- oder Wir-Form:

»Wir wollen keine Spekulationen anstellen über die Wechselwirkung von Natur und Geist. Wir wollen aber hinuntersteigen in die Tiefen unseres eigenen Wesens, um da jene Elemente zu finden, die wir herübergerettet haben bei unserer Flucht aus der Natur. Die Erforschung unseres Wesens muss uns die Lösung des Rätsels bringen. Wir müssen an einen Punkt kommen, wo wir uns sagen können: Hier sind wir nicht mehr bloß ›Ich‹, hier liegt etwas, was mehr als ›Ich‹ ist.« (4\34)

»Während das Beobachten der Gegenstände und Vorgänge und das Denken darüber ganz alltägliche, mein fortlaufendes Leben ausfüllende Zustände sind, ist die Beobachtung des Denkens eine Art Ausnahmezustand. (4\40) Der Grund, warum wir das Denken im alltäglichen Geistesleben nicht beobachten, ist kein anderer als der, dass es auf unserer eigenen Tätigkeit beruht.« (4\42)

Aber gerade, weil das Denken unsere ureigene Ich-Tätigkeit ist, sind wir auch so intim mit ihm verwoben:

»Der Grund, der es uns unmöglich macht, das Denken in seinem jeweilig gegenwärtigen Verlauf zu beobachten, ist der gleiche wie der, der es uns unmittelbarer und intimer erkennen lässt als jeden andern Prozess der Welt. Eben weil wir es selbst hervorbringen, kennen wir das Charakteristische seines Verlaufs, die Art, wie sich das dabei in Betracht kommende Geschehen vollzieht.« (4\44)

Das Denken ist für Steiner eine voll bewusste, weil vollständig gewollte Ich-Aktivität:

»Man sollte nicht verwechseln: ›Gedankenbilder haben‹ und Gedanken durch das Denken verarbeiten. Gedankenbilder

können traumhaft, wie vage Eingebungen in der Seele auftre-
ten. Ein *Denken* ist dieses nicht. ... Das wirkliche Denken
muss immer gewollt sein. ... Es kommt darauf an, dass nichts
gewollt wird, was, indem es sich vollzieht, vor dem ›Ich‹ nicht
restlos als seine eigene, von ihm überschaubare Tätigkeit
erscheint.« (4\55)

Das 3. Kapitel gipfelt in der Aussage:

»Es ist also zweifellos: in dem Denken halten wir das Weltge-
schehen an einem Zipfel, wo wir dabei sein müssen, wenn
etwas zustandekommen soll. Und das ist doch gerade das,
worauf es ankommt. Das ist gerade der Grund, warum mir die
Dinge so rätselhaft gegenüberstehen: dass ich an ihrem Zustandekommen so unbeteiligt bin. Ich finde sie einfach vor;
beim Denken aber weiß ich, wie es gemacht wird.« (4\49)

Wie wir oben das Bild vom Punkt und Kreis für die
Einleitungen verwendet hatten, so lebt es auch hier wieder
auf - der Ich-Punkt fasst einen Zipfel des Welt-
Umkreises. Wir haben im Ich etwas gefunden, was »mehr
als ›Ich‹ ist«.

Die *Philosophie der Freiheit* ist ganz auf die individuelle
Willens-Tätigkeit im Erkennen gebaut, und sie erschließt
sich dem Leser auch nur, wenn er eine solche Tätigkeit
dem Text gegenüber aufzubringen gewillt ist. »Beim
Denken weiß ich, wie es gemacht wird« - das ist keine
philosophische Feststellung *über* einen Tatbestand, sondern die Beschreibung einer Beobachtung, die nur dann
Aussagewert erhält, wenn man sie selbst vollzieht.

Im zweiten Teil der Schrift entwickelt Rudolf Steiner die
Idee des freien Handelns aus individuell gefassten, mora-
lischen Intuitionen. Das Ich ist frei, wenn es seinem
Handeln vollbewusste Intuitionen zu Grunde legt.

»Diese Freiheit muss dem menschlichen Wollen zugesprochen
werden, insoferne dieses rein ideelle Intuitionen verwirklicht.

Denn diese sind nicht Ergebnisse einer von außen auf sie wirkenden Notwendigkeit, sondern ein auf sich selbst Stehendes. Findet der Mensch, dass eine Handlung das *Abbild* einer solchen ideellen Intuition ist, so empfindet er sie als eine *freie*. In diesem Kennzeichen einer Handlung liegt die Freiheit.« (4\201)

In der weiteren Charakterisierung des freien Handelns geht die *Philosophie der Freiheit* dann aber deutlich über den bloßen Ich-Aspekt hinaus. Um moralische Intuitionen in die Tat umzusetzen, braucht man *moralische Phantasie*, um konkrete Vorstellungen für das Handeln in einzelnen Situationen zu entwickeln.

»Konkrete Vorstellungen aus der Summe seiner Ideen heraus produziert der Mensch zunächst durch die Phantasie. Was der freie Geist nötig hat, um seine Ideen zu verwirklichen, um sich durchzusetzen, ist also die *moralische Phantasie*. Sie ist die Quelle für das Handeln des freien Geistes. Deshalb sind auch nur Menschen mit moralischer Phantasie eigentlich sittlich produktiv.« (4\193)

Schließlich ist *moralische Technik* erforderlich, um das Intendierte der äußeren Wirklichkeit auch tatsächlich einzufügen. Im freien Handeln wächst das Ich über sich selbst hinaus und wendet sich den Handlungen, den anderen Menschen, der Welt zu.

»Nur wenn ich meiner Liebe zu dem Objekte folge, dann bin ich es selbst, der handelt. ... Ich erkenne kein äußeres Prinzip meines Handelns an, weil ich in mir selbst den Grund des Handelns, die Liebe zur Handlung gefunden habe. Ich prüfe nicht verstandesmäßig, ob meine Handlung gut oder böse ist; ich vollziehe sie, weil ich sie *liebe*. Sie wird ›gut‹, wenn meine in Liebe getauchte Intuition in der rechten Art in dem intuitiv zu erlebenden Weltzusammenhang drinnensteht; ›böse‹, wenn das nicht der Fall ist.« (4\162)

Die »Liebe zum Objekt« (Liebe bedeutet hier Hingabe) führt das Ich auf einem Stufenweg von der moralischen Intuition über die moralische Phantasie bis zur moralischen Technik, aus dem rein ideellen Bereich bis ins Reelle, Physische hinab.

Die Philosophie der Freiheit, das höhere Selbst und das esoterische Christentum

In einem Vortrag von 1905[40] schilderte Rudolf Steiner einen Zusammenhang zwischen dem reinen Denken und der moralischen Phantasie einerseits und den höheren Wesensgliedern des Menschen, dem Geistselbst und dem Lebensgeist, andererseits.

»Sie können in sich etwas erleben, wenn Sie sich zum reinen Gedanken erheben, wenn Sie von den sinnlichkeitserfüllten Gedanken abstrahieren können, was zum Ewigen gehört. Die Theosophie nennt dieses erste Element des Geistes auch Manas. Ich habe versucht, in meiner ›Theosophie‹ diesen Ausdruck mit ›Geistselbst‹ zu übersetzen. Es ist das höhere Selbst, das sich herauslöst aus dem, was nur auf die irdische Welt beschränkt ist.« (53\212)

»[Ich habe] versucht, die allmähliche Hinaufentziehung des Menschen, die Reinigung des Menschen aus dem Seelischen in das Geistige, in einem Buche darzustellen, das ich vor einigen Jahren geschrieben habe als meine *Philosophie der Freiheit.* Was ich jetzt dargestellt habe, finden Sie dort in den Begriffen der abendländischen Philosophie ausgedrückt. Sie finden dort die

---

[40] Vortrag vom 9.2.1905. In: *Ursprung und Ziel des Menschen. Grundbegriffe der Geisteswissenschaft.* GA 53. Dornach 1981, S. 204 ff.

Entwickelung des Seelischen vom Kama zum Manasleben. Ich habe dort Ahamkara das ›Ich‹ genannt, Manas das ›höhere Denken‹, reines Denken, und die Buddhi [den Lebensgeist], um noch nicht auf den Ursprung hinzuweisen, die ›moralische Phantasie‹. Das sind nur andere Ausdrücke für ein und dieselbe Sache.« (53\214)

Während das Wesen des Geistselbst geläutertes, reines Denkens sei, bestehe das Wesen des Lebensgeistes in geläutertem, »in eine höhere Sphäre erhobenem« Fühlen, durch welches man »die urewigen Normen des Gefühls in sich erlebt« (53\213). Und schließlich könne sogar der Wille »zur höchsten weltgesetzlichen Art« erhoben werden, »dann spricht man von dem eigentlichen Geist, von dem Geistesmenschen«. Und über das geläuterte Fühlen des Lebensgeistes heißt es dann weiter in einem höchst bedeutungsvollen Hinweis:

»Das ist dasjenige, was auch der tiefere Inhalt des Christus war. Der Mensch erlebt dann den Christus, lebt mit dem Christus, hat teil an ihm. Christus ist dasselbe wie Buddhi.« (53\213)

Und am 15.2.1906[41] erläuterte Steiner zum Lebensgeist:

»Wenn Sie sich die gewöhnliche produktive Kraft im gewöhnlichen sinnlichen Leben vorstellen, gepaart mit Liebe, aber nicht als empfangende Liebe, sondern als eine ganz und gar gebende Liebe: das ist Buddhi. ... Denken Sie sich dieses Element in der Menschennatur, dann haben wir das, was wir in der christlichen Mystik den Christus, in der griechischen Mystik den Chrestos, in der morgenländischen Mystik die Buddhi nennen.« (54\289)

1907 wies Steiner noch einmal auf diesen Zusammenhang zwischen den höheren Wesensgliedern und der esoterisch

---

[41] Vortrag vom 15.2.1906. In: *Die Welträtsel und die Anthroposophie*. GA 54. Dornach 1983.

verstandenen Trinität: Manas entspreche dem, was die christliche Esoterik als den »Heiligen Geist« bezeichne, Buddhi dem »inneren Christos«, und Atma (Geistesmensch) dem »Vater«.[42]

Im Kanon der philosophischen Schriften Rudolf Steiners steht die *Philosophie der Freiheit* also nicht nur für den Ich-Aspekt, sondern ist in der Tat als eine *Menschenkunde des höheren Selbst*[43] anzusehen, die, von der Ich-Tätigkeit des bewussten Denkens ausgehend, den Weg zur Entwicklung der höheren Wesensglieder beschreibt. Dem entspricht die Dreiteilung der Schrift. Der erste Teil (*Wissenschaft der Freiheit*) entwickelt den Gedanken des intuitiven Denkerlebens und Erkennens und entspricht damit dem Geistselbst, der zweite (*Die Wirklichkeit der Freiheit*) handelt im Kern von der moralische Phantasie, dem Lebensgeist, und im dritten Teil (*Die letzten Fragen*) schreibt Steiner vom Leben des freien Geistes innerhalb des väterlichen Weltengrundes, dem Aspekt des Geistesmenschen:

»Jeder Mensch umspannt mit seinem Denken nur einen Teil der gesamten Ideenwelt, und insofern unterscheiden sich die Individuen auch durch den tatsächlichen Inhalt ihres Denkens. Aber diese Inhalte sind in einem in sich geschlossenen Ganzen, das die Denkinhalte aller Menschen umfasst. Das gemeinsame Urwesen, das alle Menschen durchdringt, ergreift somit der Mensch in seinem Denken. Das mit dem Gedankeninhalt erfüllte Leben in der Wirklichkeit ist zugleich das Leben in Gott.« (4\250)

---

[42] Vortrag vom 17.3.1907. In: *Das christliche Mysterium*. GA 97. Dornach 1998, S. 142 ff.

[43] Vgl. Karl-Martin Dietz, Martin Basfeld (Hrsg.): *Rudolf Steiners ›Philosophie der Freiheit‹ - eine Menschenkunde des höheren Selbst.* Stuttgart 1994.

✷

Die bisherigen Darstellungen zeigen, dass die vier genannten Schriften in dieser Reihenfolge qualitativ mit den vier Wesensgliedern des Menschen korrespondieren. Wie die *Einleitungen* das *Was* und die *Grundlinien* das *Wie* charakterisieren, so *Wahrheit und Wissenschaft* das *Warum* und *Die Philosophie der Freiheit* das *Wer.* Jede frühere Schrift bereitet die folgende vor, während die folgenden das in den früheren Entwickelte in sich aufnehmen. Die drei weiteren Schriften, *Friedrich Nietzsche, ein Kämpfer gegen seine Zeit, Goethes Weltanschauung* und *Welt- und Lebensanschauungen im 19. Jahrhundert,* lassen sich im Sinne einer Fortführung dieser Metamorphose-Reihe verstehen: Die Nietzsche-Schrift hat Beziehungen zum Geistselbst, die Goethe-Schrift zum Lebensgeist, und die Philosophie-Geschichte zum Geistesmenschen.

5. Friedrich Nietzsche,
ein Kämpfer gegen seine Zeit (1895)

Die Auseinandersetzung mit dem Werk und der Person Friedrich Nietzsches stellt ein besonderes Kapitel in Rudolf Steiners geistigem Entwicklungsgang dar, über das schon viel geschrieben worden ist.[44] Nietzsche ist die einzige Persönlichkeit neben Goethe, der Steiner ein ganzes Buch widmete. Dass er sich mit Goethe auseinandersetzte, ist insofern aus der Geistesgeschichte heraus verständlich, als er bei Goethe den Anfang einer neuen Entwicklungsrichtung sah, durch die sich das selbstbewusste Ich erlebend wieder mit der Welt verbinden kann, aus deren geistigen Zusammenhängen es im Lauf der Bewusstseinsgeschichte herausgefallen ist.[45] An Nietzsche

---

[44] Vgl. z.B. Emil Bock: *Rudolf Steiner - Studien zu seinem Lebensgang und Lebenswerk*. Stuttgart 1967, S. 108 ff. Christoph Lindenberg: *Rudolf Steiner, eine Biographie*. Stuttgart 1997, S. 240 ff., Peter Selg: *Rudolf Steiner, Lebens- und Werkgeschichte*. Bd. Arlesheim 2012, S. 417 ff.
[45] *Die Rätsel der Philosophie*. GA 18. Dornach 1985, S. 601.

zog ihn die kompromisslose, authentische Geistesart an. Nietzsche habe im naturwissenschaftlichen Zeitalter den Geist gesucht, ihn aber in ihm nicht finden können.[46] Der zentrale Aspekt des Nietzsche-Buches[47] ist die Darstellung der Idee vom *Übermenschen*. Nach Steiner ist Nietzsches Übermensch der freie Geist, »der auf sich selbst gestellte, nur aus sich heraus schaffende Eigner« (5\99). Er ist der produktive, der »starke«, der »dionysische Mensch«, der nicht »forscht«, sondern »schafft«.

»Der Mensch selbst ist der Schöpfer der Wahrheit. Der ›freie Geist‹ kommt zum Bewusstsein seines Schaffens der Wahrheit. Er betrachtet die Wahrheit nicht mehr als etwas, dem er sich unterordnet; er betrachtet sie als sein Geschöpf.« (5\63) »Er steht nicht als Betrachter außer der Welt, die er erkennen will; er ist Eins geworden mit seiner Erkenntnis. Er sucht nicht nach einem Gotte; was er sich noch als göttlich vorstellen kann, ist nur er selbst als Schöpfer seiner eigenen Welt.« (5\87) »Er weiß, dass er selbst der Schöpfer der Wahrheit ist.« (5\86) Er »steht jenseits dessen, was das Herkommen als gut und böse ansieht. Er schafft sich selbst sein Gut und Böse.« (5\75)

Man sieht hier eine Fortentwicklung des Weges, der von *Wahrheit und Wissenschaft* zur *Philosophie der Freiheit* führte. Zunächst lag der Schwerpunkt der Darstellung auf der Eigengesetzlichkeit der begrifflichen Welt, dann auf dem Ich, dass sich dieser Gesetzlichkeit gegenüberstellt und sie in Freiheit ergreift. Nun wird das Ich gar als der unbedingte Schöpfer der Ideenwelt, des Wahren und Guten gefeiert. Selbst im Reich des Sternenhimmels der Ideenwelt wird die Freiheit noch einmal neu begründet.

---

[46] *Mein Lebensgang.* GA 28. Dornach 1982, S. 257.
[47] *Friedrich Nietzsche, ein Kämpfer gegen seine Zeit.* GA 5. Dornach 2000.

»Weil der dionysische Geist aus sich selbst alle Antriebe seines Tuns entnimmt und keiner äußeren Macht gehorcht, ist er ein *freier Geist*.« (5\89)

Und damit geht eine entschiedene Hinwendung zur Welt, eine unbedingte Diesseitsorientierung einher. Der dionysische Mensch verlegt die Wahrheit, das Wesen der Dinge, den göttlichen Weltenplan, die moralischen Wertmaßstäbe, die Vorbilder des Schönen usw. nicht in ein unerkennbares Jenseits, dem er sich in selbst gewählter Schwäche unterordnete. Er ist *wirklichkeitsfreundlich*.

»Wer einen Sinn hat für das Wirkliche, der sucht den Geist, die Seele in und an dem Wirklichen, er sucht die Vernunft in dem Wirklichen; nur wer die Wirklichkeit für geistlos, für ›bloß natürlich‹, für ›roh‹ hält, der gibt dem Geiste, der Seele ein besonderes Dasein. ... Einem solchen fehlt aber auch der Sinn für die Wahrnehmung des Geistes selbst. Nur weil der den Geist in der Wirklichkeit nicht sieht, sucht er ihn anderswo.« (5\49)

Dem starken, dionysischen Geist steht der »apollinische« gegenüber:

»Die apollinische Weisheit hat den Charakter des *Ernstes*. Sie empfindet die Herrschaft des Jenseits, das sie nur im Bilde besitzt, als einen schweren Druck ... Schwer beladen mit seiner Erkenntnis wandelt der apollinische Geist einher, denn er trägt eine Bürde, die aus einer anderen Welt stammt. Und den Ausdruck der Würde nimmt er an... Lachen aber charakterisiert den dionysischen Geist. Er weiß, dass alles, was er Wahrheit nennt, nur *seine* Weisheit ist... Mit der selbstgeschaffenen Weisheit bewegt sich der dionysische Geist leicht durch die Welt wie ein Tänzer.« (5\88)

Nietzsche wendete sich gegen die überkommene Moral, insbesondere auch gegen die des Christentums, in der er nur eine Schwäche sah. Sein Bild des Übermenschen sei

»das Gegenbild des Gegenwartsmenschen; es ist vor allem das Gegenbild des Christen. Im Christentum ist der *Widerspruch* gegen die Pflege des *starken* Lebens Religion geworden. ... In dem ›Gottesreich‹ will der Christ alles verwirklicht finden, was ihm auf Erden mangelhaft erscheint. Das Christentum ist die Religion, die dem Menschen alle Sorge für das irdische Leben benehmen will: es ist die Religion der Schwachen.« (5\121)

Rudolf Steiner hat seine Sicht Nietzsches später wiederholt kommentiert und auch das Pathologische in Nietzsches Weltauffassung deutlich charakterisiert.[48] In seiner Autobiographie schrieb er über Nietzsches Suche nach dem Geistigen im Menschen und in der menschlichen Entwicklung:

»Nietzsches Ideen von der ›ewigen Wiederkunft‹ und dem ›Übermenschen‹ standen lange vor mir. Denn in ihnen spiegelte sich, was eine Persönlichkeit über die Entwickelung der Menschheit und über das Wesen des Menschen erleben musste, die von der Erfassung der geistigen Welt durch die festgezimmerten Gedanken der Naturanschauung vom Ende den neunzehnten Jahrhunderts zurückgehalten wurde. ... Die wiederholten Erdenleben des Menschen dämmerten im Unterbewusstsein Nietzsches. ... [Aber] Nietzsche war umklammert von den Fesseln der Naturanschauung. Was diese aus den wiederholten Erdenleben machen konnte, das zauberte sich vor seine Seele. ... Und Nietzsche empfand, dass in dem Menschen, der sich in Einem Erdendasein erlebt, ein anderer sich offenbart - ein ›Übermensch‹, der aus sich nur die Fragmente seines Gesamtlebens im leiblichen Erdendasein ausgestalten kann. Die naturalistische Entwickelungs-Idee ließ ihn diesen ›Übermenschen‹ nicht als das geistig Waltende innerhalb des Sinnlich-Physischen schauen... Die Naturanschauung entriss Nietzsche den Ausblick auf den ›Geistmenschen‹ im

---

[48] Siehe z.B. den Anhang zu GA 5.

›Naturmenschen‹.« (28\259)

Nietzsche suchte den selbstständigen Geist im Menschen zu erfassen, konnte aber zu ihm - nach Steiner - nicht wirklich anschauend durchdringen. Durch die konsequente Ablehnung jedes metaphysischen Dualismus' stellte er aber den geistigen Boden dar, auf dem Geisterkenntnis als innere Erfahrung wachsen kann. Geistselbst-artig ist auch Nietzsches intensives Leben mit philosophischen Fragen:

»Andere *denken* Philosophie; Nietzsche musste Philosophie *leben*. Das neuere Weltanschauungsleben wird in Nietzsche selbst Persönlichkeit.«[49]

In der Idee vom Übermenschen klingt das *Geistselbst* des Menschen an. Gerade vor diesem Hintergrund ist es ist nun interessant zu sehen, an welcher Stelle Steiner Kritik an Nietzsches Ansichten übt. Wenn Nietzsche fordere, dass der freie Geist nur »seinen eigenen Instinkten« folgen solle, so müsse zwischen unbewussten und solchen Antrieben unterschieden werden, die aus dem bewussten Denken stammen. Steiner verweist auf seine *Philosophie der Freiheit* und insbesondere auf die moralische Phantasie:

»Erst der Mensch, der sich selbst seine *moralischen* Ziele schafft, handelt *frei*. Die moralische Phantasie fehlt in Nietzsches Ausführungen. Wer dessen Gedanken zu Ende denkt, muss notwendig auf diesen Begriff kommen. Aber andererseits ist es auch eine unbedingte Notwendigkeit, dass dieser Begriff der Nietzscheschen Weltanschauung eingefügt wird. Sonst könnte gegen dieselbe immerfort eingewendet werden: Zwar ist der

---

[49] *Die Rätsel der Philosophie*. GA 18. Dornach 1985, S. 543.

dionysische Mensch kein Knecht des Herkommens oder des ›jenseitigen Willens‹, aber er ist *ein Knecht seiner eigenen Instinkte*.« (5\91)

Die moralische Phantasie, das hatten wir oben dargestellt, entspricht dem im Menschen auffindbaren *inneren* Christus des esoterischen Christentums. Nietzsche lehnte das überkommene Christentum als dualistisch, schwach und wirklichkeitsfremd ab. Aber er konnte, so lässt sich Steiners Kritik deuten, nicht bis zur Erfahrung des lebendigen inneren Christus vordringen, der in der liebenden Hingabe an die Welt erlebt werden kann.

»Bei Nietzsche ist der Trieb vorhanden, den Menschen über sich hinausleben zu lassen; er fühlt, dass dann im innerlich Selbsterzeugten der Sinn des Lebens sich enthüllen muss. Doch er dringt nicht wesenhaft vor zu dem, was sich im Menschen über den Menschen hinaus als Sinn des Lebens erzeugt. Er besingt in grandioser Weise den Übermenschen, doch er gestaltet ihn nicht; er *fühlt* sein webendes Dasein, doch er *schaut ihn nicht*.« (18\547)

6. GOETHES WELTANSCHAUUNG (1897)

Anders als Nietzsche wendete sich Goethe nicht zum Geist im (Über-)Menschen, sondern suchte - und fand - den Geist in der Natur:

»Goethes energischer Wirklichkeitssinn [war] nach den Wesen und Vorgängen der Natur gerichtet. Er wollte in der Natur bleiben. Er hielt sich in reinen Anschauungen von Pflanzen-, Tier- und Menschenformen. Aber indem er sich mit der Seele in diesen bewegte, kam er überall zum Geiste. Den in der Materie waltenden Geist fand er. Bis zu der Anschauung des in sich selbst lebenden und waltenden Geistes wollte er nicht gehen. Eine ›geistgemäße‹ Naturerkenntnis bildete er aus. Vor einer reinen Geist-Erkenntnis machte er Halt, um die Wirklichkeit nicht zu verlieren.« (28\258)

In *Goethes Weltanschauung*[50] schilderte Rudolf Steiner, was sich für die Naturanschauung ergibt, wenn »die Geistesaugen mit den Augen des Leibes in stetem lebendigen

---

[50] *Goethes Weltanschauung*. GA 6. Dornach 1990.

Bunde wirken« (6\151). Er zeigte, wie Goethe zu einer Sichtweise gelangte, durch die er insbesondere den Geist in der organischen Natur finden und beobachten konnte.

»Man kann besonders an Naturforschern die Erfahrung machen, dass sie absprechend über ein ›bloß‹ Ideelles, Gedachtes sprechen. Sie haben kein Organ für das Ideelle und kennen daher dessen Wirkungskreise nicht. Goethe wurde dadurch, dass er dieses Organ in besonders vollkommener Ausbildung besaß, von seiner allgemeinen Weltanschauung aus zu seinen tiefen Einsichten in das Wesen des Lebendigen geführt. Seine Fähigkeit, die Geistesaugen mit den Augen des Leibes in stetem lebendigen Bunde wirken zu lassen, machte es ihm möglich, die einheitliche sinnlich-übersinnliche Wesenheit anzuschauen, die sich durch die organische Entwicklung hindurchzieht… Das Sehen mit den Augen des Leibes vermittelt die Erkenntnis des Sinnlichen und Materiellen; das Sehen mit Geistesaugen führt zur Anschauung der Vorgänge im menschlichen Bewusstsein, zur Beobachtung der Gedanken-, Gefühls- und Willenswelt; der lebendige Bund zwischen geistigem und leiblichem Auge befähigt zur Erkenntnis des Organischen, das als sinnlich-übersinnliches Element zwischen dem rein Sinnlichen und rein Geistigen in der Mitte liegt.« (6\155)

Es scheint daher insbesondere mit dem Element des *Lebensgeistes* zusammenzuhängen, was in der sinnlich-übersinnlichen Anschauung des Lebendigen zum Ausdruck kommt.

»Einer *höheren Art des Anschauens* … offenbart sich das Wesen des Lebens.« (6\116) »Wie zur Wahrnehmung der Farbenerscheinungen das Auge gehört, so gehört zur Auffassung des Lebens die Fähigkeit, in dem Sinnlichen ein Übersinnliches unmittelbar anzuschauen.« (6\122)

In dieser Art des Anschauens steht der Mensch der Natur nicht mehr getrennt gegenüber - die Problematik, die zu dualistischen (im Nietzscheschen Sinne »schwachen«) Weltanschauungen führt, wird in ihr überwunden:

»Wenn es dem Menschen wirklich gelingt, sich zu der Idee zu erheben, und von der Idee aus die Einzelheiten der Wahrnehmung zu begreifen, so vollbringt er dasselbe, was die Natur vollbringt, indem sie ihre Geschöpfe aus dem geheimnisvollen Ganzen hervorgehen lässt. Solange der Mensch das Wirken und Schaffen der Idee nicht fühlt, bleibt sein Denken von der lebendigen Natur abgesondert. Er muss das Denken als eine bloß subjektive Tätigkeit ansehen, die ein abstraktes Bild von der Natur entwerfen kann. Sobald er aber fühlt, wie die Idee in seinem Innern lebt und tätig ist, betrachtet er sich und die Natur als *ein* Ganzes, und was als Subjektives in seinem Innern erscheint, das gilt ihm zugleich als objektiv; er weiß, dass er der Natur nicht mehr als Fremder gegenübersteht, sondern er fühlt sich verwachsen mit dem Ganzen derselben. Das Subjektive ist objektiv geworden; das Objektive von dem Geiste ganz durchdrungen.« (6\54)

Es ist charakteristisch und wird aus den bisherigen Darstellungen verständlich, dass Rudolf Steiner hier vom *Fühlen* der in der Natur *wirkenden und schaffenden* Idee spricht. Sowohl das (geläuterte) Fühlen als auch das lebendig wirksame Ideelle sind, wie wir oben sahen, Aspekte der Buddhi, des Lebensgeistes, bzw. des esoterischen Christus, der nicht nur im Menschen erscheint, sondern auch in der Welt schöpferisch wirkt (Logos).

»Das Wirksame aller übrigen Dinge kommt im Menschen als Idee zur Erscheinung; das Wirksame im Menschen ist die Idee, die er selbst hervorbringt. In jeder einzelnen menschlichen Individualität vollzieht sich der Prozess, der im Ganzen der Natur sich abspielt: die Schöpfung eines Tatsächlichen aus der Idee heraus.« (6\92)

Das ist ganz im Sinne des Johannes-Prologs geschrieben. Im an der Natur erfahrenen *Leben* des weltschöpferischen

Geistes gelingt die Erlösung des Ich-Geistes, an der Nietzsche scheiterte. Steiner bezieht sich hier auch wiederum auf die moralische Intuition und Phantasie.

»Die Natur ist in ihrer Schöpfung so groß, dass sie den Prozess, durch den sie frei aus der Idee heraus alle Geschöpfe hervorbringt, in jedem Menschenindividuum wiederholt, indem die sittlichen Handlungen aus dem ideellen Grunde der Persönlichkeit entspringen. Was der Mensch auch als objektiven Grund seines Handelns empfindet, es ist alles nur Umschreibung und zugleich Verkennung seiner eigenen Wesenheit. Sich selbst realisiert der Mensch in seinem sittlichen Handeln. ... Aber zugleich [wohnt] in [s]einem Innern in individueller Bildung die Wirkungskraft, durch welche die Natur das All schafft.« (6\93)

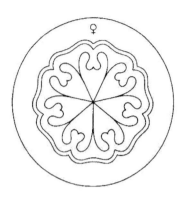

7. WELT- UND LEBENSANSCHAUUNGEN IM 19. JAHRHUNDERT (1900-01)

Schließlich bleibt noch die siebte Schrift[51] in der Meta-morphosereihe, in der Rudolf Steiner, wie er einleitend schrieb, die Entwicklung des Gedankenlebens »von Goethe und Kant bis zu Darwin und Haeckel darzustellen [versuchte]«. Diese Gedankenentwicklung wird nun nicht wie eine herkömmliche Philosophiegeschichte als Aneinanderreihung verschiedener und oft widersprüchlicher Auffassungen, sondern wie die geistige Biographie eines einheitlichen *Wesens*, des menschlichen Geistes (oder eben des Geistesmenschen) geschildert.

»Diese Entwicklung stellt sich als ein gewaltiges Ringen des menschlichen Geistes dar, das im Anfange des neunzehnten Jahrhunderts mit der kühnen Entfaltung der Denkkraft behufs Lösung der großen Rätselfragen des Daseins begann, und das in der Vertiefung der naturwissenschaftlichen Erkenntnisse

---

[51] *Welt- und Lebensanschauungen im 19. Jahrhundert.* 1914 von Rudolf Steiner zu *Die Rätsel der Philosophie* (GA 18) erweitert. Nachdruck der Erstausgabe bei Ulan Press 2012.

unserer Zeit eine vorläufige Befriedigung sucht.«[52]

Auch in der Geistesgeschichte sieht Steiner also - wie im individuellen Erkennen - persönliche Denkkraft und naturwissenschaftliche Empirie, Idee und Erfahrung wirksam.

»Der vorliegende [erste Band] behandelt die ersten fünf Jahrzehnte des Jahrhunderts, in denen die Geister bestrebt waren, aus *sich selbst heraus* die Wahrheit zu holen. Man könnte diesen Zeitabschnitt die *idealistische Periode* nennen. Der zweite Band wird das *Zeitalter der Naturwissenschaft*, die *realistische* Periode, zum Gegenstande haben.«[53]

Wie die erkenntnistheoretischen Schriften Steiners und insbesondere die *Einleitungen* in der Polarität zwischen der sich selbst erfassenden Idee und der Fülle der Welterscheinungen weben, so führt Steiner hier die Auffassungen *Fichtes* (des philosophischen Entdeckers des sich selbst ergreifenden Ich) und *Haeckels* (des bedeutendsten Vertreters des materialistischen Monismus, einer allein aus sich selbst zu verstehenden Naturlehre) als die Repräsentanten der beiden Pole an, die die philosophische Entwicklung des Jahrhunderts umrahmen.

Die *Welt- und Lebensanschauungen* enden mit einem kurzen Ausblick, in dem sich Steiner klar zur Entwicklungsidee der Naturwissenschaft bekennt. Die Entwicklungslehre begründete für ihn eine Anschauung, in der auch die vom Menschen frei geschaffenen Erkenntnisse als Wirklichkeiten und als wesenhafte Weiterentwicklung des natürlich Gegebenen verstanden werden können.

»Durch eine Freiheitsidee im Sinne des Entwicklungsgedan-

---

[52] Ebd., S. I
[53] Ebd.

kens kann allein das schwachmütige Bekenntnis überwunden werden, zu dem jede Anschauung kommen muss, die das Wesen der Dinge nicht im Menschen, sondern außerhalb desselben sucht.«[54]

Das ist der Aspekt des *Geistesmenschen.*

---

[54] Ebd., S. 189.

PHILOSOPHIE ALS INITIATION

In einem Zyklus von sieben idealistisch-philosophischen Schriften haben wir das Wesen des Menschen in seinem Verhältnis zur Welt, wie es von Rudolf Steiner später in der Anthroposophie unter immer neuen Aspekten dargestellt wurde, einmal durchschritten. Wir erblicken ein Organon von Schriften, in dem die erste deutlich mit der letzten korrespondiert (das Thema Geist und Natur in den *Einleitungen* sowie in der deutschen Philosophiegeschichte), die zweite mit der sechsten (die *Grundlinien* als Beschreibung der Methodik, *Goethes Weltanschauung* als Darstellung ihres lebensvollen Vollzugs), und die dritte mit der fünften (das Erlebnis der sich selbst bestimmenden Natur des frei erzeugten Denkens weist den Weg zum Geistselbst, dem Nietzsche zustrebte). Die *Philosophie der Freiheit* steht als das Licht-, Wärme- und Kraftzentrum der frei tätigen Persönlichkeit in der Mitte.

Eingangs hatte ich die Frage aufgeworfen, ob es einen Grund dafür geben könnte, dass Rudolf Steiner drei Schriften über das Wesen des denkenden Erkennens (*Grundlinien, Wahrheit und Wissenschaft, Philosophie der Freiheit*) verfasste. Ziehen wir dazu noch folgenden Gedanken heran: In verschiedenen Zusammenhängen stellte Rudolf Steiner dar, dass die vier Wesensglieder des Menschen mit vier verschiedenen Seelenfähigkeiten korrespondieren: der physische Leib mit dem sinnlichen Wahrnehmen der äußeren Welt, der Ätherleib mit dem Vorstellen erinnerbarer Bilder, der Astralleib mit dem Fühlen und fühlenden Verstehen der Begriffe, und das Ich mit dem willentliche Verknüpfen der Gedanken und Bilder. Das

Vorstellen von Bildern und Worten, das fühlende Verstehen von Begriffen und die willenshafte innere Tätigkeit des Ich können auch zusammenfassend als »Denken« bezeichnet werden. In diesem Sinne richten die *Einleitungen* den Blick auf die Wahrnehmungswelt, während die drei folgenden Schriften die drei Aspekte des Denkens thematisieren. Auch die eingangs gestellten Fragen nach der Nietzsche-Schrift sowie nach dem Goethebuch von 1897 konnten beantwortet werden.

Damit wird deutlich, dass es sich bei der Abfolge der sieben philosophischen Schriften Rudolf Steiners um einen inneren, in sich folgerichtigen Entwicklungsweg handelt. Man kann ihn als einen Einweihungsweg beschreiben. Ausgehend von der Betrachtung der Welterscheinungen in den *Einleitungen* (physischer Aspekt) wendet sich der Leser, der diesen Weg nachvollzieht, in den *Grundlinien* seinem eigenen Denken als einer lebendigen, erkennenden Tätigkeit beobachtend zu (ätherischer Aspekt), ergreift in *Wahrheit und Wissenschaft* sein erkennendes Bewusstsein von innen und wird dort der sich selbst bestimmenden Welthaltigkeit der Begriffe und Ideen gewahr (astraler Aspekt). In der *Philosophie der Freiheit* findet er - im Ausnahmezustand der erlebenden Beobachtung des Denkens und in Gegenüberstellung zu allem Zwingenden der Begriffe - sich selbst als geistiges Wesen (Ich-Aspekt). Aus dieser freien Selbsterschaffung wendet er sich dann im *Nietzsche*-Buch wiederum der Welt zu und stellt sich in vollkommener Diesseitsbejahung als freien, nur auf sich selbst bauenden Geist schöpferisch in sie hinein (Geistselbst-Aspekt). So findet er, wenn er diese Bejahung - ohne die auf dem bisherigen Weg errungene innere Bewusstheit des erlebten Denkens

71

aufzugeben - im Erkennen und Handeln wirklich *lebt*, in *Goethes Weltanschauung* die lebensvolle Verbindung seines Selbst mit der Welt (Lebensgeist-Aspekt). Schließlich transzendiert er den beschränkten Bereich der eigenen Persönlichkeit, indem ihm in den *Welt- und Lebensanschauungen* klar wird, dass er in seinem Erkenntnisweg den dramatischen Geistesgang der neueren Menschheit nachvollzogen und zugleich auch weiterentwickelt hat, dass also die Welt in ihm geistig lebt und sich entwickelt, und er in ihr (Geistesmensch-Aspekt).

Damit hatte Rudolf Steiner das philosophische Denken in einem stufenweisen, sich immer weiter aufklärenden Prozess von der Welt- zur Selbsterkenntnis und von dort wieder zurück zu einer vergeistigten Auffassung der Welt geführt und damit eine dem Wesen des Menschen entsprechende philosophische Initiation vollzogen. Das Initiationsprinzip beschrieb Steiner einmal folgendermaßen:

»In der gewöhnlichen Erkenntnis fühlen wir uns als Subjekt, suchen die Objekte, die außer uns sind. In der Initiationserkenntnis sind wir selber das Objekt und suchen dazu das Subjekt. ... Wir selber schlüpfen gewissermaßen aus uns heraus in der Initiationserkenntnis und werden zum Objekt, und suchen die Subjekte dazu. Wenn ich mich etwas paradox ausdrücken darf, so möchte ich sagen, indem wir gerade auf das Denken abzielen: In der gewöhnlichen Erkenntnis denken wir über die Dinge nach. In der Initiationserkenntnis müssen wir suchen, wie wir gedacht werden im Kosmos.«[55]

Dabei bedeutet Initiation (Einweihung) nicht notwendigerweise, hellsichtig sein zu müssen.

---

[55] Vortrag vom 20.8.1922. In: *Das Geheimnis der Trinität*. GA 214. Dornach 1999, S. 124.

»Derjenige nun, der, ohne selbst hellsichtig zu sein, alles einsieht, was die Geheimwissenschaft zu sagen hat, ist ein Eingeweihter. Wer aber selbst eintreten kann in diese Welten, die wir die unsichtbaren nennen, der ist ein Hellseher.«[56]

So legte Rudolf Steiner die Grundlage für eine dem neuzeitlichen Bewusstsein angemessene und mit der Entfaltung der Anthroposophie nach der Wende zum 20. Jahrhundert vollzogene esoterische Initiation, in der die sieben Schritte dann auch explizit als die sieben Glieder der menschlichen Wesenheit beschrieben werden konnten.

Die mystisch-christlich-theosophischen und später anthroposophischen Darstellungen, die Steiner nach der Jahrhundertwende entfaltete, begann er bereits 1899 mit dem Aufsatz *Goethes geheime Offenbarung*.[57] Das gegenüber den philosophischen Schriften qualitativ neue Motiv, das allerdings mit innerer Notwendigkeit aus der bisher vollzogenen Entwicklung hervorging, ist dasjenige vom Tode des individuellen Ich und seiner Auferstehung als universelles Weltwesen.

»Wer nicht loskommen kann von seinem kleinen Ich, wer nicht imstande ist, das höhere Ich in sich auszubilden, der kann nach Goethes Ansicht nicht zur Vollkommenheit gelangen. Der Mensch muss als einzelner absterben, um als höhere Persönlichkeit wieder aufzuleben. Das neue Leben ist dann erst das menschenwürdigste, dasselbe, das, nach Schillers

[56] Vortrag vom In: *Die Erkenntnis der Seele und des Geistes*. GA 56. Dornach 1985, S. 26.
[57] In: *Methodische Grundlagen der Anthroposophie 1884-1901*. GA 30. Dornach 1989, S. 86 ff.

Weise zu sprechen, weder von der Vernunft noch von der Sinnlichkeit eine Nötigung empfindet. Im ›Diwan‹ lesen wir Goethes schönes Wort: ›Und so lang du das nicht hast, dieses: Stirb und werde! Bist du nur ein trüber Gast auf der dunklen Erde.‹ Und einer der ›Sprüche in Prosa‹ heißt: ›Man muss seine Existenz aufgeben, um zu existieren‹.« (30\94)

1901 schrieb Rudolf Steiner dann in der *Mystik*, seiner ersten esoterisch-geisteswissenschaftlichen Schrift:

»Das Verständnis für die Aufhebung des Individuellen, des einzelnen persönlichen Ich zum All-Ich in der Persönlichkeit betrachten tiefere Naturen als das im Innern des Menschen sich offenbarende Geheimnis, als das Ur-Mysterium des Lebens. ... Nicht eine gedankliche Wiederholung, sondern ein reeller Teil des Weltprozesses ist das, was sich im menschlichen Innenleben abspielt. ... Und nennt man das höchste, das dem Menschen erreichbar ist, das Göttliche, dann muss man sagen, dass dieses Göttliche nicht als ein Äußeres vorhanden ist, um *bildlich* im Menschengeiste wiederholt zu werden, sondern dass dieses Göttliche im Menschen *erweckt* wird.« (7\34)

Licht fühle ich um mich,
Es ist Weltenlicht;
Licht fühle ich in mir,
Es ist Menschenlicht;
Und empfangen will ich
Menschenlicht als Weltenlicht,
Weltenlicht als Menschenlicht.[58]

---

[58] *Mantrische Sprüche und Seelenübungen*. GA 268. Dornach 1999, S. 73

Zeittafel

	Biographisches	Schriften	Aufsätze (Auswahl)
1879	*Beginn des Studiums Technische Hochschule Wien, Begegnung mit Karl Julius Schröer*		Umarbeitung von Fichtes Wissenschaftslehre
1882	*Hrsg. von Goethes Natw. Schriften; Begegnung mit dem esoterischen Meister*		*Einzig mögliche Kritik der atomistischen Begriffe*
1884	*Beginn als Hauslehrer bei Familie Specht in Wien*	*Einleitungen* Bd. I	*Goethes Recht in der Naturwissenschaft*
1886	*Begegnung mit Marie-Eugenie Delle Grazie und Zisterzienser-Theologen*	*Grundlinien*	*Die Natur und unsere Ideale*
1887		*Einleitungen* Bd. II	
1888	*Hinweis auf Thomas Aquino durch Pater Wilhelm Neumann; Bekanntschaft mit Goethes Märchen*		*Goethe als Ästhetiker*
1889	*erste Reise nach Deutschland*		*Goethe als Vater einer neuen Ästhetik*
1890	*Übersiedlung nach Weimar*	*Einleitungen* Bd. III	
1892		*Wahrheit und Wissenschaft*	
1893			*Einheitliche Naturanschauung und Erkenntnisgrenzen*
1894		*Philosophie der Freiheit*	
1895		*Nietzsche, ein Kämpfer*	
1896	*Besuch bei Friedrich Nietzsche; »seelischer Umschwung« (Erwachen für die Sinneswelt)*		
1897	*Übersiedlung nach Berlin; Hrsg. Magazin für Litteratur*	*Goethes Weltanschauung Einleitungen* Bd. IV	
1899	*Lehrer Arbeiterbildungsschule; »geistige Prüfung« der übersinnlichen Fähigkeiten*		*Der Individualismus in der Philosophie Haeckel und seine Gegner Goethes geheime Offenbarung*
1900	*Beginn der Vorträge in der Theosophischen Gesellschaft*	*Welt- und Lebensanschauungen*	

LITERATUR

Schriften und Vorträge Rudolf Steiners aus der Gesamtausgabe (GA)

GA 1:   *Einleitungen zu Goethes naturwissenschaftlichen Schriften.* Dornach 1987

GA 1a: Johann Wolfgang v. Goethe: *Naturwissenschaftliche Schriften.* Herausgegeben und kommentiert von Rudolf Steiner. Dornach 1975

GA 2:   *Grundlinien einer Erkenntnistheorie der Goetheschen Weltanschauung.* Dornach 1979

GA 3:   *Wahrheit und Wissenschaft. Vorspiel einer Philosophie der Freiheit.* Dornach 1980

GA 4:   *Die Philosophie der Freiheit. Grundzüge einer modernen Weltanschauung. Seelische Beobachtungsresultate nach naturwissenschaftlicher Methode.* Dornach 1978

GA 6:   *Goethes Weltanschauung.* Dornach 1990

GA 9:   *Theosophie. Einführung in übersinnliche Welterkenntnis und Menschenbestimmung.* Dornach 1978

GA 12:   *Die Stufen der höheren Erkenntnis.* Dornach 1979

GA 13:   *Die Geheimwissenschaft im Umriss.* Dornach 1989

GA 18:   *Die Rätsel der Philosophie in ihrer Geschichte als Umriss dargestellt.* Dornach 1985

GA 26:   *Anthroposophische Leitsätze. Der Erkenntnisweg der Anthroposophie. Das Michael-Mysterium.* Dornach 1989

GA 28:   *Mein Lebensgang.* Dornach 1982

GA 27:   mit Ita Wegmann: *Grundlegendes zur Erweiterung der Heilkunst nach geisteswissenschaftlichen Erkenntnissen.* Dornach 1991

GA 30:   *Methodische Grundlagen der Anthroposophie 1884-1901; gesammelte Aufsätze zur Philosophie, Naturwissenschaft, Ästhetik und Seelenkunde.* Dornach 1989

GA 36:   *Der Goetheanumgedanke inmitten der Kulturkrisis der Gegenwart.* Dornach 1961

GA 53:   *Ursprung und Ziel des Menschen. Grundbegriffe der Geisteswissenschaft.* Dornach 1981

GA 56:   *Die Erkenntnis der Seele und des Geistes.* Dornach 1985

GA 54:   *Die Welträtsel und die Anthroposophie.* Dornach 1983

GA 97:   *Das christliche Mysterium.* Dornach 1998

GA 153: *Inneres Leben des Menschen und Leben zwischen Tod und neuer Geburt.* Dornach 1997

GA 214: *Das Geheimnis der Trinität.* Dornach 1999

GA 217: *Geistige Wirkenskräfte im Zusammenleben von alter und junger Generation.* Dornach 1988.

GA 268: *Mantrische Sprüche und Seelenübungen.* Dornach 1999

GA 317: *Heilpädagogischer Kurs.* Dornach 1995

Andere Texte Rudolf Steiners und Schriften anderer Autoren

Steiner, Rudolf: *Welt- und Lebensanschauungen im 19. Jahrhundert.* Nachdruck bei Ulan Press 2012

Bock, Emil: *Rudolf Steiner - Studien zu seinem Lebensgang und Lebenswerk.* Stuttgart 1967

Dietz, Karl-Martin; Basfeld, Martin (Hrsg.): *Rudolf Steiners ›Philosophie der Freiheit‹ - eine Menschenkunde des höheren Selbst.* Stuttgart 1994

Hueck, Christoph: *Aktivierung des Denkens und Umkehr der Willensrichtung - zur zentralen Stellung von Theosophie und Wie erlangt man Erkenntnisse...? im Werk Rudolf Steiners.* In: *Die Drei,* Heft 6/2016

Hueck, Christoph: *Intuition - das Auge der Seele. Die Darstellung des intuitiven Erkennens im schriftlichen Werk Rudolf Steiners.* Norderstedt 2016

Hueck, Christoph: *Natur, dein mütterliches Sein, ich trage es in meinem Willenswesen - ein Beitrag zur Überwindung der Subjekt-Objekt-Spaltung.* In: *Anthroposophie,* Johanni 2014, S. 105f.

Lindenberg, Christoph: *Rudolf Steiner, eine Biographie.* Stuttgart 1997

Neider, Andreas: *Die vier Stufen der christlich-mystischen Meditation Die ›Stufenleiter der Mönche‹ des Guigues II. als Muster eines westlichen Meditationsweges.* In: *Die Drei,* Heft 10/2016

Schöffler, Heinz-Herbert: *Das Lesen der modernen Sternenschrift - zwölf Studien zu den Kompositionsgeheimnissen im Werk Rudolf Steiners.* Basel 1990

Selg, Peter: *Rudolf Steiner, Lebens- und Werkgeschichte.* Arlesheim 2012

Teichmann, Frank: *Auferstehung im Denken. Der Christusimpuls in der ›Philosophie der Freiheit‹ und in der Bewusstseinsgeschichte.* Stuttgart 1996

Teichmann, Frank: *Der dreifache Schriftsinn. Die Drei,* Heft 5/1984

Witzenmann, Herbert: *Die Philosophie der Freiheit als Grundlage künstlerischen Schaffens.* Dornach 1980

Evolution wird heute meist materialistisch als Zufall oder kreationistisch als Schöpfung gedeutet. Dieses Buch zeigt, dass eine dritte Sichtweise möglich ist: Evolution kann aus sich selbst verständlich werden, wenn man sie phänomenologisch im Sinne Goethes nachvollzieht und sich darüber klar wird, was man dabei tut. Es wird dann deutlich, dass dem evolutionären Denken ein willenshafter Prozess zugrunde liegt, der im Erleben des eigenen Leibes gründet. Die treibenden Kräfte der Evolution, die diesen Leib hervorgebracht haben, können auf diese Weise anschaulich werden. Das neue Erfahrungsfeld ermöglicht Einblicke in die geistigen Aspekte der Evolution, von den Gründen der Höherentwicklung über die Gestaltfrage bis hin zur Bedeutung der Genetik und Molekularbiologie. Eine bewusstseinsphänomenologisch begründete Auffassung der Zeit ermöglicht auch eine neue Perspektive auf die Frage nach der Zielgerichtetheit der Evolution. Biologische Entwicklung vollzieht sich in einem zeitlichen Doppelstrom, in dem Fortpflanzung und Wachstum aus der Vergangenheit fließen, während sich differenzierende Gestaltungen aus der Zukunft verwirklichen. Die gesamte Stammesgeschichte der Tiere erscheint so als ein Organismus höherer Ordnung, dessen geistiges Prinzip und physisches Ziel der Mensch ist.

Christoph J. Hueck

Evolution im Doppelstrom der Zeit - die Erweiterung der naturwissenschaftlichen Entwicklungslehre durch die Selbstanschauung des Erkennens.

Verlag am Goetheanum, Dornach 2012. 256 S., € 24

In der Auffassung Rudolf Steiners bedeutet Intuition nicht einen spontanen Einfall mit unklarem Ursprung, sondern eine Einsicht von höchster Klarheit und Sicherheit. Im intuitiven Erkennen wird die Kluft zwischen Erkennendem und Erkanntem überwunden. Durch ihre Tiefe ist die Intuition der mittelalterlichen unio mystica vergleichbar, der mystischen Vereinigung mit dem geistigen Weltgrund, durch ihre vollkommene Transparenz aber auch der

exakten mathematischen Erkenntnis. Intuition macht deutlich, was Steiner unter Geist und Geisteswissenschaft verstand.

Hier wurden alle Darstellungen zur Intuition aus neunzehn Schriften und etlichen Aufsätzen Rudolf Steiners zusammengestellt und erläuternd kommentiert. Von den Einleitungen zu Goethes naturwissenschaftlichen Schriften über Die Philosophie der Freiheit und Die Geheimwissenschaft im Umriss bis zu Steiners letzten Schriften wird ein umfassender Überblick über dieses zentrale anthroposophische Thema gegeben, der zugleich einen Einblick in die Grundlage der Anthroposophie vermittelt. Die Zusammenstellung zeigt, wie Rudolf Steiner seine frühen philosophischen zu den anthroposophischen Anschauungen weiter entwickelte.

Intuition - das Auge der Seele
Die Darstellung des intuitiven Erkennens im schriftlichen Werk Rudolf Steiners
Zusammengestellt und kommentiert von Christoph Hueck
Books on Demand, 2016. 312 Seiten, € 19,99
ISBN: 978-3741298264

Dr. Christoph Hueck (* 1961), Studium
der Biologie und Chemie, Promotion in
bakterieller Genetik, langjährige moleku-
larbiologische Forschung. Mehr als 30
Jahre intensive Beschäftigung mit der
Anthroposophie. Waldorflehrer, Dozent
für Waldorfpädagogik, Anthroposophie
und anthroposophische Meditation.
Mitbegründer der Akanthos-Akademie
für anthroposophische Forschung und Entwicklung. Publika-
tionen zu den Grundlagen der Anthroposophie und anthroposophischen Meditation, zum anthroposophischen Verständnis
der Naturwissenschaft, sowie zu lebenslangen, gesundheitli-
chen Wirkungen der Waldorfpädagogik.

Adressen:

hueck@akanthos-akademie.de

www.akanthos-akademie.de

www.anthroposophie-als-geisteswissenschaft.de

www.akanthos-akademie.academia.edu/ChristophHueck